EN İYİ CIABATTA YARATIM KILAVUZU

Evde Çiğnenebilir ve Çıtır Ciabatta Yapmak İçin 100 Zanaatkar Tarif

Ümran Yavuz

Telif Hakkı Malzemesi ©2024

Her hakkı saklıdır

Bu kitabın hiçbir bölümü, incelemede kullanılan kısa alıntılar dışında, yayıncının ve telif hakkı sahibinin uygun yazılı izni olmadan, hiçbir şekilde veya yöntemle kullanılamaz veya aktarılamaz. Bu kitap tıbbi, hukuki veya diğer profesyonel tavsiyelerin yerine geçmemelidir.

İÇİNDEKİLER

İÇİNDEKİLER	3
GİRİİŞ	6
KLASİK CIABATTA	**7**
1. TEMEL CIABATTA	8
2. ÇAVDAR CIABATTA	11
3. EKŞİ MAYALI CIABATTA EKMEĞİ	13
4. CIABATTA RULOLARI	16
5. EKMEK MAKİNASI CIABAT TA	19
6. PIRINÇ CIABATTA	23
7. BADEM UNU CIABATTA	26
8. MANYOK UNU CIABATTA	28
9. NOHUT UNU CIABATTA	30
10. KARABUĞDAY UNU CIABATTA	32
11. TEFF UN CIABATTA	34
12. SORGUM UNU CIABATTA	36
MEYVELİ CIABATTA	**38**
13. ARMUT VE GORGONZOLA CIABATTA PIZZA	39
14. KIRAZ VE MASCARPONE DOLMASI CIABATTA FRANSIZ TOSTU	41
15. ELMALI TARÇIN DOLMASI CIABATTA RULOLARI	43
16. KIZILCIK CEVİZ TAM BUĞDAY CIABATTA	45
17. BAL SIRLI KAYISI CIABATTA	48
18. YABAN MERSİNİ VE LİMONLU CIABATTA	51
19. İNCİR VE BRIE TAM BUĞDAY CIABATTA	54
OTLU CIABATTA	**57**
20. BİBERİYE SARIMSAK CIABATTA	58
21. SARIMSAK PARSELY CIABATTA	60
22. BİBERİYE CIABATTA	62
23. BİBERİYE TAM BUĞDAY CIABATTA	64
SOMUN CIABATTA	**67**
24. FINDIK VE KURU ÜZÜM CIABATTA	68
25. BADEM HAŞHAŞ TOHUMU TAM BUĞDAY CIABATTA	71
26. KIZILCIK MACADAMIA CIABATTA	74
27. FRENK ÜZÜMÜ-CEVİZ CIABATTA	77
BAHARATLI CIABATTA	**80**
28. BAL BAHARATLI KAMUT EKMEĞİ	81
29. KURU ÜZÜM TARÇIN TAM BUĞDAY CIABATTA	83
30. BİBER GEVREĞİ VE KIRMIZI BİBER CIABATTA	86
31. ZERDEÇAL VE KİMYON CIABATTA	88
ÇİKOLATA CIABATTA	**90**

32. Çikolatali Findikli Ciabatta 91
33. Çikolatali Portakalli Ciabatta 93
34. Duble Çikolatali Ciabatta 95
35. Çikolatali Kiraz Badem Ciabatta 97
36. Çikolatali Fistik Ezmesi Girdap Ciabatta 99
37. Çikolatali Hindistan Cevizli Ciabatta 101
38. Çikolatali Ahududu Ciabatta 103
39. Çikolatali Tam Buğday Ciabatta 105

KAFEİNLİ CIABATTA 108
40. Espresso Ciabatta 109
41. Matcha Yeşil Çay Ciabatta 111
42. Chai Baharatli Ciabatta 113
43. Mocha Chip Ciabatta 115

SEBZECI CIABATTA 117
44. Siyah Zeytin Ciabatta 118
45. Vejetaryen ciabatta 121
46. Güneşte Kurutulmuş Domates Tam Buğday Ciabatta 123
47. Zeytin ve Otlu Tam Buğday Ciabatta 126
48. Jalapeño Tam Buğday Ciabatta 129
49. Cheddar ve Frenk Soğani Tam Buğday Ciabatta 132
50. Pesto ve Mozzarella Tam Buğday Ciabatta 135

CIABATTA SANDVİÇLERİ 138
51. Caprese Ciabatta Sandviç 139
52. Izgara Tavuk Pesto Ciabatta Sandviç 141
53. İtalyan Ciabatta Sandviçi 143
54. Akdeniz Sebzeli Ciabatta Sandviç 145
55. Hindi Kizilcik Ciabatta Sandviç 147
56. Patlican Parmesanli Ciabatta Sandviç 149
57. Rosto Dana ve Yaban Turpu Ciabatta Sandviçi 151
58. Ton Balikli Salata Ciabatta Sandviç 153
59. Mozzarella Pesto Sebzeli Ciabatta Sandviç 155
60. Füme Somon ve Krem Peynirli Sandviç 157
61. Barbekü Çekilmiş Domuz Ciabatta Sandviç 159
62. Yunan Tavuk Ciabatta Sandviç 161
63. Biftek ve Karamelize Soğanli Sandviç 163
64. Avokadolu Tavuk Sezar Ciabatta Sandviç 165
65. Buffalo Tavuklu Ciabatta Sandviç 167
66. Muffuletta Ciabatta Sandviç 169
67. Sirli Portobello Mantarli Sandviç 171
68. Tofu Banh Mi Ciabatta Sandviç 173
69. İtalyan Sosis ve Biber Ciabatta Sandviç 175
70. Ciabatta Biftekli Sandviç 177
71. Ciabatta Prosciutto Sandviç 179

DOLGULU CIABATTA **181**
   72. Caprese Ciabatta Dolması 182
   73. Ispanak ve Enginar Dolması Ciabatta 184
   74. Akdeniz Dolması Ciabatta 186
   75. Üç Peynirli Ciabatta Ekmeği 188
   76. İtalyan Köftesi Ciabatta 190
   77. Cajun Karides Dolması Ciabatta 192
   78. Ispanaklı ve Enginarlı Peynirli Ciabatta Ekmeği 194
   79. Barbekü Çekilmiş Domuz Dolması Ciabatta 196
   80. Tavuk Sezar Dolması Ciabatta 198
   81. Peynirli Sarımsak Otlu Ciabatta Ekmeği 200
   82. Taco Ciabatta Dolması 202
   83. Rosto Dana ve Yaban Turpu Dolması Ciabatta 204
   84. Bufalo Tavuk Dolması Ciabatta 206
   85. Pestolu Tavuk Dolması Ciabatta 208
   86. Jalapeño Popper Peynirli Ciabatta Ekmeği 210
   87. Somon Füme ve Krem Peynirli Ciabatta 212
   88. BLT Doldurulmuş Ciabatta 214
   89. Yumurta Salatası Dolması Ciabatta 216
   90. Sebzeli ve Humus Dolması Ciabatta 218
   91. Çilek Ciabatta 220
   92. İncir Ciabatta 222
   93. Elmalı Ciabatta 224
   94. Şeftali ve Fesleğen Ciabatta 226
   95. Ahududu ve Keçi Peyniri Ciabatta 228
   96. Üzüm ve Gorgonzola Ciabatta 230
   97. Armut ve Ceviz Ciabatta 232
   98. Mango Ciabatta 234
   99. Böğürtlen ve Ricotta Ciabatta 236
   100. Jambon, peynir ve bitki ciabatta 238
ÇÖZÜM **241**

GİRİİŞ

Kendi evinizin rahatlığında çiğnenebilir ve çıtır ciabatta ekmeği hazırlama sanatında ustalaşmak için bir yolculuğa çıktığımız "EN İYİ CIABATTA YARATIM KILAVUZU"a hoş geldiniz. Kendine özgü çiğnenebilir iç kısmı ve gevrek kabuğuyla Ciabatta, dünya çapındaki ekmek meraklılarının kalplerini ve damaklarını büyüleyen sevilen bir İtalyan ekmeğidir. Bu yemek kitabında ciabatta'nın güzelliğini ve çok yönlülüğünü, size ekmek yapma ustası olmanız için ilham verecek 100 el yapımı tarifle kutluyoruz.

Bu yemek kitabında ciabatta ekmeğinin sonsuz olanaklarını sergileyen zengin tarifler keşfedeceksiniz. Klasik somunlardan rustik ekmeklere, yenilikçi sandviçlerden nefis tatlılara kadar her tarif, bu sevilen ekmeğin benzersiz dokusunu ve lezzetini vurgulamak için hazırlandı. İster acemi bir fırıncı olun, ister deneyimli bir profesyonel olun, bu tarifler, zanaatkar fırınlarda bulunanlara rakip olan otantik ciabatta ekmeği yaratma sürecinde size rehberlik edecektir.

"EN İYİ CIABATTA YARATIM KILAVUZU"ı diğerlerinden ayıran şey, işçilik ve tekniğe verdiği önemdir. Ayrıntılı talimatlar, yararlı ipuçları ve adım adım kılavuzlarla, harika ciabatta ekmeğini tanımlayan mükemmel çiğnenebilirlik ve kabukluluk dengesini sağlamanın sırlarını öğreneceksiniz. Hamuru ister elle yoğurun, ister bir stand mikseri kullanın, somunları şekillendirin veya kabuğunu çizin, ciabatta mükemmelliğini yaratmak için her adım çok önemlidir.

Bu yemek kitabı boyunca, her zaman profesyonel kalitede sonuçlar elde etmenize yardımcı olacak malzemeler, ekipmanlar ve pişirme teknikleri hakkında pratik tavsiyeler bulacaksınız. İster aileniz için yemek pişiriyor olun, ister bir akşam yemeği partisi düzenliyor olun, ister sadece ev yapımı bir ikramın tadını çıkarıyor olun, "EN İYİ CIABATTA YARATIM KILAVUZU" yaratıcılığınızı serbest bırakmanıza ve kendi mutfağınızda usta bir ekmek yapımcısı olmanıza yardımcı olacaktır.

KLASİK CIABATTA

1. Temel Ciabatta

İÇİNDEKİLER:
- 4 su bardağı ekmek unu
- 2 çay kaşığı anlık maya
- 2 çay kaşığı tuz
- 1 ½ su bardağı ılık su
- Zeytinyağı (yağlamak için)

TALİMATLAR:

a) Büyük bir karıştırma kabında ekmek ununu, hazır mayayı ve tuzu birleştirin. İyice karıştırın.
b) Ilık suyu yavaş yavaş kuru malzemelere ekleyin, bir kaşıkla veya ellerinizle yapışkan bir hamur oluşana kadar karıştırın.
c) Kaseyi temiz bir mutfak havlusuyla örtün ve hamuru yaklaşık 15 dakika dinlendirin.
ç) Dinlendikten sonra yapışmayı önlemek için temiz bir çalışma yüzeyini ve ellerinizi hafifçe yağlayın. Hamuru yüzeye aktarın.
d) Hamuru kendi üzerine katlayıp, gererek ve sonra tekrar katlayarak yoğurmaya başlayın. Bu işlemi yaklaşık 10-15 dakika veya hamur pürüzsüz, elastik ve daha az yapışkan hale gelinceye kadar tekrarlayın.
e) Yoğrulan hamuru hafif yağlanmış bir kaseye alıp üzerini mutfak havlusu ile örtün ve ılık bir yerde yaklaşık 1-2 saat, yani hacmi iki katına çıkana kadar mayalanmaya bırakın.
f) Hamur kabardıktan sonra unlu bir yüzeye yavaşça aktarın. Çok fazla söndürmemeye dikkat edin.
g) Hamuru iki eşit parçaya bölün ve her parçayı terlik veya sandalete benzeyen uzun oval bir şekle sokun. Somunları parşömen kağıdıyla kaplı bir fırın tepsisine yerleştirin.
ğ) Somunları bir mutfak havlusuyla örtün ve 30-45 dakika daha veya gözle görülür şekilde genişleyene kadar kabarmalarını bekleyin.
h) Fırını önceden 220°C'ye (425°F) ısıtın.
ı) İsteğe bağlı: Rustik bir desen oluşturmak için keskin bir bıçak veya jilet kullanarak her somunun üst kısmında çapraz kesimler yapın.
i) Fırın tepsisini somunlarla birlikte önceden ısıtılmış fırına yerleştirin ve yaklaşık 20-25 dakika veya ekmek altın rengi kahverengiye dönene ve tabanına vurulduğunda içi boş bir ses çıkana kadar pişirin.
j) Piştikten sonra ciabatta'yı fırından çıkarın ve dilimleyip servis etmeden önce tel ızgara üzerinde soğumasını bekleyin.

2.Çavdar Ciabatta

İÇİNDEKİLER:
- 7 oz. (200 gr) buğday ekşi mayası
- ½ su bardağı (50 gr) ince çavdar unu
- 4 su bardağı (500 gr) buğday unu
- yaklaşık. 1⅔ bardak (400 ml) su, oda sıcaklığında
- ½ yemek kaşığı (10 gr) tuz
- kase için zeytinyağı

TALİMATLAR:
a) Tuz hariç tüm malzemeleri karıştırıp iyice yoğurun. Tuzu ekleyin.
b) Hamuru yağlanmış bir karıştırma kabına yerleştirin. Plastik filmle örtün ve hamuru gece boyunca buzdolabında bekletin.
c) Ertesi gün hamuru yavaşça bir pişirme masasına dökün.
ç) Hamuru katlayın ve buzdolabında yaklaşık 5 saat bekletin, her saatte bir tekrar katlayın.
d) Hamuru masanın üzerine dökün. Yaklaşık 2 × 6 inç (10 × 15 cm) boyutunda parçalar halinde kesin ve yağlanmış bir fırın tepsisine yerleştirin. 10 saat daha buzdolabında mayalanmaya bırakın. Bu yüzden bu ekmeğin yapımı yaklaşık 2 gün sürüyor.
e) İlk Fırın Sıcaklığı: 475°F (250°C)
f) Somunları fırına yerleştirin. Fırının zeminine bir bardak su serpin. Sıcaklığı 210°C'ye (400°F) düşürün ve yaklaşık 15 dakika pişirin.
g) Hamuru katlayıp buzdolabında 5 saat kadar bekletin. Bu süre zarfında katlamayı saatte bir tekrarlayın.
ğ) Hamuru unlanmış zemine alıp, uzatın.
h) Hamuru yaklaşık 2 × 6 inç (10 × 15 cm) boyutunda parçalar halinde kesin.

3.Ekşi Mayalı Ciabatta Ekmeği

İÇİNDEKİLER:

- 360 gram (yaklaşık 1,5 su bardağı) su
- 12 gram (yaklaşık 2 çay kaşığı) tuz
- 100 gram (yaklaşık 1/2 bardak) aktif ekşi maya başlatıcı
- 450 gram (yaklaşık 3,5 su bardağı) ekmeklik un

TALİMATLAR:
HAMURU KARIŞTIRIN:

a) Suyu geniş bir kaseye koyun. Tuzu ekleyip kısa süre karıştırın.

b) Başlatıcıyı ekleyin ve dahil etmek için kısa süre karıştırın. Unu ekleyin ve ıslak, yapışkan bir hamur topu elde edene kadar karıştırın. Gerekiyorsa unu da ekleyerek elinizle kısa süre yoğurun. Bir çay havlusu veya bez kase kapağıyla örtün ve 30 dakika bekletin.

c) Uzatma ve katlama: Islak ellerle hamurun bir tarafından tutun ve yukarı ve ortaya doğru çekin. Kaseyi çeyrek tur döndürün ve tutma ve çekme işlemini tekrarlayın. Tam bir daire oluşturana kadar bunu yapın.

ç) Kaseyi örtün. İki saat boyunca toplam 4 set esnetme ve katlama için bu işlemi 30 dakikalık aralıklarla üç kez daha tekrarlayın.

TOPLU FERMANTASYON:

d) Hamuru düz kenarlı bir kaba aktarın. Kabı bir havluyla örtün. Hamurun hacmi neredeyse iki katına çıkana kadar oda sıcaklığında mayalanmaya bırakın (hacim olarak %75'lik bir artış hedefleyin). Süreler ortamınıza ve marş motorunuzun gücüne bağlı olarak değişecektir.

e) Kabı bir kapakla (ideal olarak) veya bir havluyla kapatın (havlu kullanıyorsanız, kurumasını önlemek için hamurun üstünü yağla yağlayın.) 12-24 saat buzdolabına aktarın.

ŞEKİL:

f) Kabı buzdolabından çıkarın. Kapağı çıkarın. Hamurun üstüne bolca un serpin. Hamuru unlanmış bir çalışma yüzeyine açın. Hamuru dikdörtgen şeklinde açın.

g) Üstüne un serpin. Hamuru dikey olarak ikiye kesmek için bir tezgah kazıyıcı kullanın. Daha sonra 8 küçük dikdörtgen oluşturmak için her yarıda eşit aralıklarla üç kesim yapın.

ğ) Bir tepsiyi parşömen kağıdıyla hizalayın. Unlu ellerle, her dikdörtgeni yavaşça dışarı doğru çekerek hazırlanan tavaya aktarın. Tavayı bir havluyla örtün. Bir saat bekletin.

PİŞMEK:

h) Fırını 475°F'ye ısıtın. Tavayı fırına aktarın ve 10 dakika pişirin. Isıyı 450°F'a düşürün, tavayı döndürün ve 10 dakika daha pişirin. Tavayı fırından çıkarın.

ı) Ciabatta rulolarını soğutma rafına aktarın. Dilimlemeden önce 20 ila 30 dakika soğumaya bırakın.

4.Ciabatta Ruloları

İÇİNDEKİLER:
- 1 çay kaşığı anlık maya
- 240 gram oda sıcaklığında su (yaklaşık 1 su bardağı)
- 300 gram çok amaçlı un (yaklaşık 2,5 su bardağı)
- 1 çay kaşığı tuz

TALİMATLAR:
HAMURUN HAZIRLANMASI (1 SAAT mayalanma süresi):
a) Küçük bir kapta, hazır mayayı ılık suda eritin ve karıştırarak karıştırın (karışım köpürmeye başlamalı ve maya aroması oluşmalı). 2 dakika bekletin.
b) Büyük bir kaseye un ve tuzu ekleyin. Maya karışımını dökün ve kasenin kenarlarını kazıyarak tamamen birleşene kadar çırpın (kuru un parçacıkları görünmemelidir). Karışım çok yapışkan ve ıslak olup %80 hidrasyona sahiptir (un/su oranı).
c) Kaseyi plastik ambalajla örtün ve oda sıcaklığında 1 saat bekletin.

HAMURU ESNEKLEYİN VE KATLAYIN (1,5 SAAT KATLANMA SÜRESİ):
ç) Ellerinize biraz su dökün ve hamuru kasenin içinde, kenarlarını birer birer merkeze doğru katlayarak uzatın ve katlayın. Islak eller hamurla çalışmayı kolaylaştırır ve 4 tarafı da katlamanız bir dakikadan az sürer. Plastik ambalajla örtün ve hamuru 30 dakika dinlendirin.
d) Bu germe ve katlama adımını tekrarlayın, ardından plastik ambalajla örtün ve hamuru 30 dakika daha dinlendirin. Daha sonra germe ve katlama adımını son kez tekrarlayın ve 30 dakika daha dinlenmeye bırakın. 30 dakikalık dinlenme periyotlarıyla 3 tur esnetme ve katlamanın ardından hamur kabaracak ve boyutu yaklaşık iki katına çıkacaktır.

HAMURUN ŞEKİLLENDİRİLMESİ (40 DAKİKA YÜKSELME SÜRESİ):
e) Hamuru unlanmış bir yüzeye aktarın. Hamurun hala çok yapışkan olacağını ve bunun sorun olmadığını unutmayın. Hamura biraz un serpin ve hamuru alttan yavaşça çekerek dikdörtgen şekline getirin. Hamuru bastırmamaya dikkat edin çünkü içeride kalan hava delikleri dışarı sıkışabilir.
f) Hamuru bir kütüğe yuvarlayın ve kapatmak için kenarına bastırın. Açtığınız hamuru 4-5 eşit parçaya bölün ve her bir parçayı iyice

unlanmış bir çalışma yüzeyine en az 2 inç aralıklarla yerleştirin. Hamuru yaklaşık 40 dakika dinlenmeye bırakın. Buna son prova denir.

CIABATTA RULOLARINI PİŞİRİN:

g) Her hamuru, parşömen kaplı 8x12 inçlik bir fırın tepsisine dikkatlice aktarın. Hamur hala oldukça yapışkan olduğundan, işlenmesine yardımcı olması için un serpin. Bir kenara koyun.

ğ) Bir fırın tepsisini suyla doldurup fırınınızın en altına yerleştirin. Fırını önceden 420 F'ye ısıtın ve sudan gelen buharla dolmasına izin verin. Fırın hazır olduğunda fırın tepsisini içeri kaydırın ve hemen hamurun üzerine biraz su püskürtün. 20 dakika pişirin.

h) Ekmeği 20 dakika soğumaya bırakın.

ı) Ekmeğin pişip pişmediğini kontrol etmek için ekmeğin alt kısmına parmağınızla vurabilirsiniz. Bittiğinde ekmeğin içi boş gibi görünecektir.

5.Ekmek Makinası Ciabat ta

İÇİNDEKİLER:
BİGA
- ⅛ çay kaşığı hazır veya ekmek makinası mayası
- ½ su bardağı (114 gr) su, soğuk
- 1 su bardağı (120 gr) ağartılmamış çok amaçlı un

CIABATTA HAMUR
- ½ su bardağı (114 gr) su, soğuk
- ¼ bardak (57 g) süt, soğuk
- 1½ çay kaşığı sofra veya deniz tuzu
- 2 su bardağı (240 gr) ağartılmamış çok amaçlı un
- ½ çay kaşığı hazır veya ekmek makinası mayası
- tahtayı ve ellerinizi unlamak için un veya irmik

TALİMATLAR:
BİGA'YI KARIŞTIRMAK

a) ⅛ çay kaşığı hazır veya ekmek makinesi mayası, ½ bardak (114 g) su, soğuk ve 1 bardak (120 g) ağartılmamış çok amaçlı unu ekmek makinesi tavasında birleştirin. (Ekmek makinenizi o kadar uzun süre bağlamak istemiyorsanız başka bir kap kullanın.) HAMUR programını seçin ve malzemeleri karıştırmak için yaklaşık 5 dakika çalıştırın. Fazla unu köşelerden ıslak un karışımına kazımak için küçük bir spatula kullanın. Makineyi kapatın veya fişini çekin ve 12-24 saat bekletin.

b) Biga'yı 24 saat içinde kullanmayacaksanız köpüklü karışımı buzdolabına koyun. Tadı sadece 3-4 güne kadar daha iyi hale gelecektir. Bir sonraki adıma geçmeden önce biganın oda sıcaklığına gelmesini bekleyin.

CIABATTA HAMURUNUN KARIŞTIRILMASI

c) Listelenen sıraya göre ½ bardak (114 g) su, soğuk, ¼ bardak (57 g) süt, soğuk, 1 ½ çay kaşığı sofra veya deniz tuzu, 2 bardak (240 g) ağartılmamış çok amaçlı un ve ½ çay kaşığı hazır veya ekmek ekleyin makine mayasını ekmek makinenizdeki bigaya dökün.

ç) HAMUR döngüsünü seçin ve başlat düğmesine basın. 15-20 dakika sonra kapağını açıp hamuru kontrol edin. Hamur parlak görünmeye başlamalı ama yine de yapışkan kalacaktır. Hamur kürek(ler)in etrafına sarılacaktır.

d) Hamur kenarlara hiç yapışmıyorsa 1 yemek kaşığı kadar su ilave edin. Hamur daha çok kalın bir gözleme hamuru gibi görünüyorsa, bir seferde 1 çorba kaşığı fazladan un ekleyin. Ununuzu doğru tarttıysanız, umarız herhangi bir ayarlamaya gerek kalmaz.

e) Yoğurma durduğunda tavayı makineden çıkarın. HAMUR döngüsünün normalde yaptığınız gibi bitmesine izin vermeyin.

f) 3 litrelik kare veya dikdörtgen bir kaba hafifçe yağ püskürtün. Kabın içini kaplamak için bir fırça veya elinizi kullanın.

g) Yapışkan hamuru ekmek makinesi tavasından iyice yağlanmış plastik bir kaba çıkarmak için yağlanmış bir spatula kullanın. Hamuru spatula ile ters çevirerek hamurun tüm yüzeylerini yağlayın.

ğ) Hamurun üzerini örtüp oda sıcaklığında mayalanmasına izin verin. Acele etmeye çalışmayın. Hamuru ikiye katlanana kadar mayalandırın. Oda soğuksa bu işlem bir saat veya daha uzun sürebilir.

h) Yağlanmış bir spatula kullanarak köşelerdeki hamurun altına kaydırın ve her köşeyi ve her iki tarafı yukarı ve ortaya doğru kaldırın.

ı) Örtün ve 30 dakika bekletin.

i) Hamurun köşelerini ortaya doğru kaldırmak için önceki adımı tekrarlayın. Tekrar hamuru 30 dakika dinlendirelim. Bu delikli bir doku sağlamaya yardımcı olur

CIABATTA HAMURUNUN ŞEKİLLENDİRİLMESİ

j) Tahtayı ve ellerinizi unlamak için un veya irmik kullanın. Kabı bir tahtaya veya çalışma yüzeyine ters çevirerek hamuru boşaltın. Hamur, kabartıldığı kapla aynı genel kare veya dikdörtgen şeklinde olmalıdır. Normal ekmek hamuru gibi HAMURU AŞAĞIYA DELMEYİN.

k) Bir tezgah kazıyıcıya (veya büyük bir bıçağa) zeytinyağı püskürtün veya kaplayın. Hamurun dikdörtgenini uzunlamasına ikiye bölmek için kullanın.

l) Her bir somunun uzun iç kenarlarını yağlanmış tezgah kazıyıcıyla yakalayın ve üst kısmın yaklaşık yarısına kadar ve dış kenara doğru çekin. Bu, her somun arasında daha fazla yer bırakır.

m) Şimdi her bir somunun dış kenarını (bu noktada tepsiden düşecekmiş gibi görünen) tezgah kazıyıcıyla yakalayın. Tekrar tepsinin ortası yönünde, somunun yarısına kadar yukarı doğru çekin.

n) Şekli bir tezgah bıçağıyla düzeltin ve temizleyin. İyice yağlanmış veya unlanmış parmaklarınızı (sanki piyano çalıyormuşsunuz gibi) kullanarak hamurun yüzeyini çukurlaştırın.

İKİNCİ KABARTMA VE PİŞİRME

o) Silikon bir altlık kullanıyorsanız, şekillendirilmiş somunlarla birlikte altlığı çerçevesiz bir fırın tepsisine aktarın veya çekin.

ö) Silikon altlık kullanmıyorsanız, iki silindirli hamuru dikkatlice hazırlanmış bir kurabiye kağıdına aktarmak için bolca unlanmış eller kullanın.

p) Hamurun kurumaması ve kabuk oluşturmaması için somunların üzerini örtün. Ayrıca büyük bir plastik ambalaj parçasına yağ püskürtebilir ve somunları bununla kaplayabilirsiniz.

r) Fırını 450°F'ye (230°C) önceden ısıtın.

s) Somunları yaklaşık 30-45 dakika veya kabarıncaya kadar dinlendirin.

ş) Bir sprey şişesi kullanarak ekmeklere su püskürtün. 450° F (230°C) sıcaklıkta 18-20 dakika pişirin. Pişirmenin ilk 5 dakikasında somunlara bir veya iki kez daha püskürtün. Fırınınızın çok fazla ısı kaybetmemesi için bunu hızlı yapın.

t) Somunlar, kabuk altın kahverengi olduğunda ve iç sıcaklık 98°C'ye (210°F) ulaştığında yapılır.

u) Dilimlemeden önce somunların en az bir saat boyunca bir soğutma rafında soğumasını bekleyin.

6.Pirinç Ciabatta

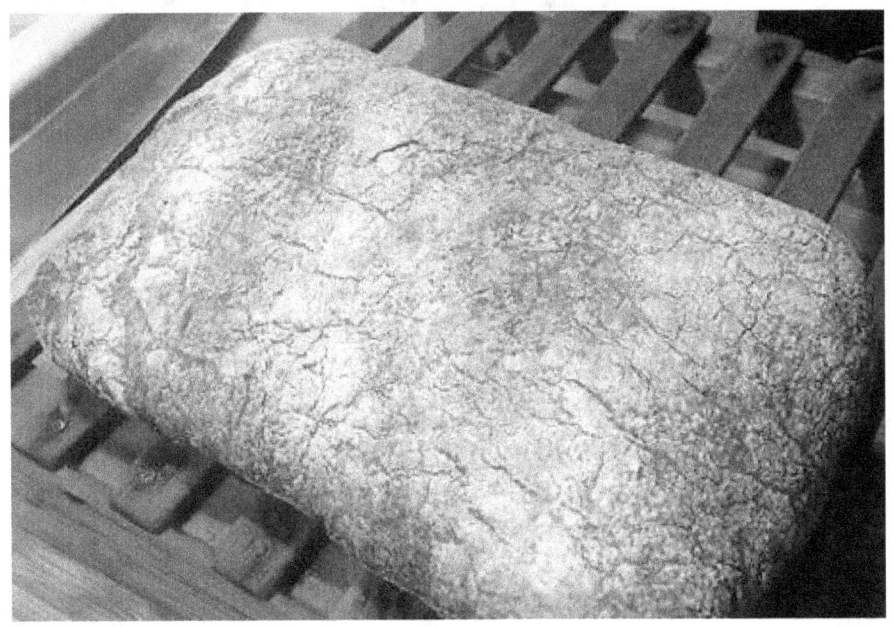

İÇİNDEKİLER:
GLUTENSİZ ÇOK AMAÇLI UN KARIŞIMI
- 6 su bardağı öğütülmüş beyaz pirinç unu
- 3 1/4 bardak sorgum unu
- 1 3/4 bardak tapyoka unu veya nişastası
- 1 1/4 bardak patates nişastası
- 1/4 bardak ksantan sakızı veya psyllium kabuğu tozu

GLUTENSİZ CIABATTA EKMEK
- 6 1/2 bardak Glutensiz Çok Amaçlı Un Karışımı
- 1 yemek kaşığı İnstant maya veya kuru aktif maya
- 1 ila 1 1/2 yemek kaşığı kaba koşer tuzu
- 2 yemek kaşığı rafine şeker
- 3 3/4 bardak ılık su
- parşömen kağıdı veya mısır unu

TALİMATLAR:
GLUTENSİZ ÇOK AMAÇLI UN KARIŞIMI

a) Malzemeleri 5-6 litrelik kapaklı bir kapta çırpın ve karıştırın.

b) Kabı alıp unlar tamamen karışana kadar kuvvetlice çalkalayarak işlemi tamamlayın.

GLUTENSİZ CIABATTA EKMEK

c) 5 ila 6 litrelik bir kapta veya stand mikserinde un, maya, tuz ve şekeri birlikte çırpın.

ç) Ilık su ekleyin — ılık su (100°F), hamurun yaklaşık 2 saat içinde depolama için doğru noktaya yükselmesini sağlayacaktır.

d) Karışım çok pürüzsüz hale gelinceye kadar mikserin kürek aparatıyla yaklaşık bir dakika karıştırın. Alternatif olarak bir kaşık veya spatula kullanarak bir ila iki dakika boyunca elle iyice karıştırın. Yoğurma gerekli değildir. Karışımı kapaklı (hava geçirmez olmayan) yemek kabına aktarın.

e) Kaba iyi oturan ancak tamamen hava geçirmez olmayacak şekilde kırılarak açılabilen bir kapakla kapatın. Plastik ambalaj da iyidir. Karışımın oda sıcaklığında yaklaşık 2 saat yükselmesine izin verin; daha sonra buzdolabında saklayın ve sonraki 10 gün boyunca kullanın. 2 saatlik mayalanmanın ardından hamurun bir kısmını istediğiniz zaman kullanabilirsiniz. Tamamen soğutulmuş ıslak hamur, oda sıcaklığındaki hamura göre daha az yapışkandır ve işlenmesi daha kolaydır, ancak ne yaparsanız yapın, hamuru yumruklamayın; glutensiz ekmek pişirmede bu gereksizdir.

f) Pişirme gününde: 1 kiloluk (greyfurt büyüklüğünde) bir hamur parçasını çıkarın, ardından bol miktarda mısır unu ile hazırlanmış pizza kabuğunun veya büyük bir parşömen kağıdının üzerine yerleştirin. Hamuru, yaklaşık 9 inç x 5 inç ölçülerinde, 3/4 inç kalınlığında uzun bir oval şeklinde yavaşça bastırın. Yüzeyi düzeltmek için ıslak parmakları kullanın. Üstüne pirinç unu serpin ve plastik ambalajla veya ters çevrilmiş bir kaseyle gevşek bir şekilde örtün.

g) 30 dakika oda sıcaklığında dinlenmeye bırakın. 30 dakika sonunda hamur pek kabarmış gibi görünmeyecektir; bu normaldir. Çoğu çıkmışsa veya emilmişse, plastik ambalajı ve tozu daha fazla unla çıkarın.

ğ) Hamur dinlenirken, fırınınızın ortasına yakın bir yerde bir pişirme taşını veya pişirme çeliğini 450°F'ye ayarlanmış olarak 30 dakika önceden ısıtın. Alternatif olarak, kapaklı bir Hollanda fırınını 450°F sıcaklıkta 45 dakika önceden ısıtın. Taş veya çelik kullanıyorsanız, taş veya çeliğin altındaki rafa su tutmak için boş bir metal piliç tepsisi yerleştirin.

h) Somunu önceden ısıtılmış taşa aktarın. Musluktan metal piliç tepsisine hızlı ve dikkatli bir şekilde 1 bardak sıcak su dökün ve buharı hapsetmek için fırının kapağını kapatın. Çelik veya taş üzerinde parşömen kağıdı kullanıyorsanız 20 dakika sonra çıkarın. Toplamda 35 dakika boyunca somunu pişirin. Alternatif olarak, parşömen kağıdını kulp olarak kullanın ve hamurun kaplandığı parşömen kağıdını dikkatlice önceden ısıtılmış tencereye indirin. Kapağını kapatıp fırına yerleştirin. Hollandalı fırınla buhar banyosuna gerek yok. Önceden ısıtılmış kap kullanıyorsanız, 30 dakika sonra kapağı çıkarın ve üstü açık 5 dakika daha veya kabuk iyice kızarana kadar pişirin.

ı) Ekmeği tel raf üzerinde yaklaşık 2 saat boyunca tamamen soğumaya bırakın. Glutensiz ekmeğin tamamen sertleşmesi için iki saat boyunca soğumaya ihtiyacı vardır.

i) Kalan hamuru buzdolabında kapaklı veya gevşek plastik ambalajlı kabınızda saklayın ve sonraki 10 gün boyunca kullanın. Kabınız havalandırılmamışsa buzdolabında ilk birkaç gün kapağını aralık bırakarak gazların dışarı çıkmasını sağlayın. Bundan sonra kapatılabilir.

7. Badem Unu Ciabatta

İÇİNDEKİLER:

- 2 su bardağı badem unu
- 1/2 su bardağı hindistan cevizi unu
- 2 1/4 çay kaşığı aktif kuru maya (1 paket)
- 1 çay kaşığı tuz
- 1 1/2 su bardağı ılık su
- 1 yemek kaşığı bal (veya tercih ettiğiniz bir tatlandırıcı)
- 2 yemek kaşığı zeytinyağı
- 1 çay kaşığı ksantan sakızı (isteğe bağlı)

TALİMATLAR:

a) Büyük bir karıştırma kabında badem ununu, hindistancevizi ununu, aktif kuru mayayı ve tuzu birleştirin. Bunları iyice karıştırın.

b) Ayrı bir kapta ılık su, bal (veya seçtiğiniz tatlandırıcı) ve zeytinyağını karıştırın. Bal eriyene kadar karıştırın.

c) Islak karışımı kuru malzemelere dökün ve hamur oluşana kadar karıştırın. İsterseniz daha iyi doku için bu noktada ksantan sakızı ekleyebilirsiniz ancak bu isteğe bağlıdır.

ç) Hamur iyice karıştırıldıktan sonra parşömen kağıdıyla kaplı bir fırın tepsisine ciabatta şekli verin.

d) Fırınınızı önceden 350°F (175°C) ısıtın.

e) Ciabatta'nın yaklaşık 20 dakika yükselmesine izin verin. Bu süre zarfında üzerini temiz bir mutfak havlusu ile örtebilirsiniz.

f) Yükselme süresinden sonra, ciabatta'yı önceden ısıtılmış fırında yaklaşık 35-40 dakika veya dışı altın rengi kahverengi olana ve hafifçe vurduğunuzda içi boş bir ses çıkarana kadar pişirin.

g) Dilimlemeden ve servis yapmadan önce ciabatta'nın soğumasını bekleyin.

8.Manyok Unu Ciabatta

İÇİNDEKİLER:

- 2 su bardağı manyok unu
- 1 su bardağı tapyoka unu
- 2 1/4 çay kaşığı aktif kuru maya (1 paket)
- 1 çay kaşığı tuz
- 1 1/2 su bardağı ılık su
- 1 yemek kaşığı şeker
- 2 yemek kaşığı zeytinyağı
- 1 çay kaşığı ksantan sakızı (isteğe bağlı)

TALİMATLAR:

a) Büyük bir karıştırma kabında manyok ununu, tapyoka ununu, aktif kuru mayayı ve tuzu birleştirin. Bunları iyice karıştırın.

b) Ayrı bir kapta ılık su, şeker ve zeytinyağını karıştırın. Şeker tamamen eriyene kadar karıştırın.

c) Islak karışımı kuru malzemelerin bulunduğu kaseye dökün ve hamur oluşana kadar karıştırın. İsterseniz dokuyu iyileştirmek için bu noktada ksantan sakızı ekleyebilirsiniz ancak bu isteğe bağlıdır.

ç) Hamur iyice karıştırıldıktan sonra parşömen kağıdıyla kaplı bir fırın tepsisine ciabatta şekli verin.

d) Fırınınızı önceden 350°F (175°C) ısıtın.

e) Ciabatta'nın yaklaşık 20 dakika yükselmesine izin verin. Bu süre zarfında üzerini temiz bir mutfak havlusu ile örtebilirsiniz.

f) Yükselme süresinden sonra ciabatta'yı önceden ısıtılmış fırında yaklaşık 35-40 dakika veya dışı altın rengi kahverengi olana ve üzerine hafifçe vurduğunuzda içi boş ses çıkana kadar pişirin.

g) Ciabatta'yı dilimleyip servis etmeden önce soğumaya bırakın.

9.Nohut Unu Ciabatta

İÇİNDEKİLER:

- 2 su bardağı nohut unu
- 1/2 su bardağı patates nişastası
- 2 1/4 çay kaşığı aktif kuru maya (1 paket)
- 1 çay kaşığı tuz
- 1 1/2 su bardağı ılık su
- 1 yemek kaşığı şeker
- 2 yemek kaşığı zeytinyağı
- 1 çay kaşığı ksantan sakızı (isteğe bağlı)

TALİMATLAR:

a) Büyük bir karıştırma kabında nohut ununu, patates nişastasını, aktif kuru mayayı ve tuzu birleştirin. Bunları iyice karıştırın.

b) Ayrı bir kapta ılık su, şeker ve zeytinyağını karıştırın. Şeker tamamen eriyene kadar karıştırın.

c) Islak karışımı kuru malzemelerin bulunduğu kaseye dökün ve hamur oluşana kadar karıştırın. İsterseniz dokuyu iyileştirmek için bu noktada ksantan sakızı ekleyebilirsiniz ancak bu isteğe bağlıdır.

ç) Hamur iyice karıştırıldıktan sonra parşömen kağıdıyla kaplı bir fırın tepsisine ciabatta şekli verin.

d) Fırınınızı önceden 350°F (175°C) ısıtın.

e) Ciabatta'nın yaklaşık 20 dakika yükselmesine izin verin. Bu süre zarfında üzerini temiz bir mutfak havlusu ile örtebilirsiniz.

f) Yükselme süresinden sonra ciabatta'yı önceden ısıtılmış fırında yaklaşık 35-40 dakika veya dışı altın rengi kahverengi olana ve üzerine hafifçe vurduğunuzda içi boş ses çıkana kadar pişirin.

g) Ciabatta'yı dilimleyip servis etmeden önce soğumaya bırakın.

10. Karabuğday Unu Ciabatta

İÇİNDEKİLER:
- 2 su bardağı karabuğday unu
- 1 su bardağı esmer pirinç unu
- 2 1/4 çay kaşığı aktif kuru maya (1 paket)
- 1 çay kaşığı tuz
- 1 1/2 su bardağı ılık su
- 1 yemek kaşığı bal (veya tercih ettiğiniz bir tatlandırıcı)
- 2 yemek kaşığı zeytinyağı
- 1 çay kaşığı ksantan sakızı (isteğe bağlı)

TALİMATLAR:
a) Büyük bir karıştırma kabında karabuğday ununu, kahverengi pirinç ununu, aktif kuru mayayı ve tuzu birleştirin. Bunları iyice karıştırın.

b) Ayrı bir kapta ılık su, bal (veya seçtiğiniz tatlandırıcı) ve zeytinyağını karıştırın. Bal tamamen eriyene kadar karıştırın.

c) Islak karışımı kuru malzemelerin bulunduğu kaseye dökün ve hamur oluşana kadar karıştırın. İsterseniz dokuyu iyileştirmek için bu noktada ksantan sakızı ekleyebilirsiniz ancak bu isteğe bağlıdır.

ç) Hamur iyice karıştırıldıktan sonra parşömen kağıdıyla kaplı bir fırın tepsisine ciabatta şekli verin.

d) Fırınınızı önceden 350°F (175°C) ısıtın.

e) Ciabatta'nın yaklaşık 20 dakika yükselmesine izin verin. Bu süre zarfında üzerini temiz bir mutfak havlusu ile örtebilirsiniz.

f) Yükselme süresinden sonra ciabatta'yı önceden ısıtılmış fırında yaklaşık 35-40 dakika veya dışı altın rengi kahverengi olana ve üzerine hafifçe vurduğunuzda içi boş ses çıkana kadar pişirin.

g) Ciabatta'yı dilimleyip servis etmeden önce soğumaya bırakın.

11. Teff Un Ciabatta

İÇİNDEKİLER:

- 2 su bardağı teff unu
- 1 su bardağı tapyoka unu
- 2 1/4 çay kaşığı aktif kuru maya (1 paket)
- 1 çay kaşığı tuz
- 1 1/2 su bardağı ılık su
- 1 yemek kaşığı şeker
- 2 yemek kaşığı zeytinyağı
- 1 çay kaşığı ksantan sakızı (isteğe bağlı)

TALİMATLAR:

a) Büyük bir karıştırma kabında teff ununu, tapyoka ununu, aktif kuru mayayı ve tuzu birleştirin. Bunları iyice karıştırın.

b) Ayrı bir kapta ılık su, şeker ve zeytinyağını karıştırın. Şeker tamamen eriyene kadar karıştırın.

c) Islak karışımı kuru malzemelerin bulunduğu kaseye dökün ve hamur oluşana kadar karıştırın. İsterseniz dokuyu iyileştirmek için bu noktada ksantan sakızı ekleyebilirsiniz ancak bu isteğe bağlıdır.

ç) Hamur iyice karıştırıldıktan sonra parşömen kağıdıyla kaplı bir fırın tepsisine ciabatta şekli verin.

d) Fırınınızı önceden 350°F (175°C) ısıtın.

e) Ciabatta'nın yaklaşık 20 dakika yükselmesine izin verin. Bu süre zarfında üzerini temiz bir mutfak havlusu ile örtebilirsiniz.

f) Yükselme süresinden sonra ciabatta'yı önceden ısıtılmış fırında yaklaşık 35-40 dakika veya dışı altın rengi kahverengi olana ve üzerine hafifçe vurduğunuzda içi boş ses çıkana kadar pişirin.

g) Ciabatta'yı dilimleyip servis etmeden önce soğumaya bırakın.

12. Sorgum Unu Ciabatta

İÇİNDEKİLER:

- 2 su bardağı sorgum unu
- 1 su bardağı patates nişastası
- 2 1/4 çay kaşığı aktif kuru maya (1 paket)
- 1 çay kaşığı tuz
- 1 1/2 su bardağı ılık su
- 1 yemek kaşığı şeker
- 2 yemek kaşığı zeytinyağı
- 1 çay kaşığı ksantan sakızı (isteğe bağlı)

TALİMATLAR:

a) Büyük bir karıştırma kabında sorgum ununu, patates nişastasını, aktif kuru mayayı ve tuzu birleştirin. Bunları iyice karıştırın.

b) Ayrı bir kapta ılık su, şeker ve zeytinyağını karıştırın. Şeker tamamen eriyene kadar karıştırın.

c) Islak karışımı kuru malzemelerin bulunduğu kaseye dökün ve hamur oluşana kadar karıştırın. İsterseniz dokuyu iyileştirmek için bu noktada ksantan sakızı ekleyebilirsiniz ancak bu isteğe bağlıdır.

ç) Hamur iyice karıştırıldıktan sonra parşömen kağıdıyla kaplı bir fırın tepsisine ciabatta şekli verin.

d) Fırınınızı önceden 350°F (175°C) ısıtın.

e) Ciabatta'nın yaklaşık 20 dakika yükselmesine izin verin. Bu süre zarfında üzerini temiz bir mutfak havlusu ile örtebilirsiniz.

f) Yükselme süresinden sonra ciabatta'yı önceden ısıtılmış fırında yaklaşık 35-40 dakika veya dışı altın rengi kahverengi olana ve üzerine hafifçe vurduğunuzda içi boş ses çıkana kadar pişirin.

g) Ciabatta'yı dilimleyip servis etmeden önce soğumaya bırakın.

MEYVELİ CIABATTA

13. Armut ve Gorgonzola Ciabatta Pizza

İÇİNDEKİLER:
- 1 parti temel ciabatta hamuru
- 2 adet olgun armut, ince dilimlenmiş
- 1/2 bardak ufalanmış Gorgonzola peyniri
- 2 yemek kaşığı bal
- 1/4 su bardağı kıyılmış ceviz
- Süslemek için taze kekik yaprakları

TALİMATLAR:
a) Fırınınızı 220°C'ye (425°F) önceden ısıtın.
b) Temel ciabatta hamurunu favori tarifinize göre hazırlayın.
c) Hamur mayalandıktan sonra yuvarlayıp iki eşit parçaya bölün.
ç) Hamurun her parçasını unlu bir yüzeyde ince bir daire şeklinde açın.
d) Açılan hamuru parşömen kağıdıyla kaplı bir fırın tepsisine aktarın.
e) Her hamur dairesinin yüzeyine eşit miktarda bal dökün.
f) İnce dilimlenmiş armutları balın üzerine dizin.
g) Armutların üzerine ufalanmış Gorgonzola peyniri ve kıyılmış ceviz serpin.
ğ) Önceden ısıtılmış fırında 15-20 dakika veya ciabatta kabuğu altın kahverengi ve gevrek oluncaya kadar pişirin.
h) Fırından çıkarın ve dilimlemeden önce hafifçe soğumasını bekleyin.
ı) Servis yapmadan önce taze kekik yapraklarıyla süsleyin.

14. Kiraz ve Mascarpone Dolması Ciabatta Fransız Tostu

İÇİNDEKİLER:
- 1 parti temel ciabatta hamuru
- 1 bardak çekirdeği çıkarılmış kiraz, yarıya bölünmüş
- 4 ons mascarpone peyniri
- 4 büyük yumurta
- 1/2 su bardağı süt
- 2 yemek kaşığı toz şeker
- 1 çay kaşığı vanilya özü
- Servis için akçaağaç şurubu

TALİMATLAR:
a) Fırınınızı önceden 375°F (190°C) ısıtın.
b) Temel ciabatta hamurunu favori tarifinize göre hazırlayın.
c) Hamur mayalandıktan sonra yuvarlayın ve dört eşit parçaya bölün.
ç) Hamurun her parçasını unlanmış bir yüzeyde küçük bir dikdörtgen şeklinde açın.
d) Mascarpone peynirini hamurun her dikdörtgeninin yarısına eşit şekilde yayın.
e) Mascarpone peynirinin üzerine kiraz yarımlarını yerleştirin.
f) Hamurun diğer yarısını bir cep oluşturacak şekilde dolgunun üzerine katlayın ve kenarlarını kapatın.
g) Fransız tostu hamuru yapmak için sığ bir tabakta yumurtaları, sütü, toz şekeri ve vanilya özünü birlikte çırpın.
ğ) Her doldurulmuş ciabatta cebini, her iki tarafı da kaplayacak şekilde Fransız usulü tost hamuruna batırın.
h) Doldurulmuş ciabatta ceplerini parşömen kağıdıyla kaplı bir fırın tepsisine yerleştirin.
ı) Önceden ısıtılmış fırında 20-25 dakika veya ciabatta altın rengi kahverengi olana ve iyice pişene kadar pişirin.
i) Akçaağaç şurubu ile sıcak olarak servis yapın.

15. Elmalı Tarçın Dolması Ciabatta Ruloları

İÇİNDEKİLER:
- 1 parti temel ciabatta hamuru
- 2 elma, soyulmuş, çekirdeği çıkarılmış ve doğranmış
- 2 yemek kaşığı tuzsuz tereyağı
- 1/4 su bardağı esmer şeker
- 1 çay kaşığı öğütülmüş tarçın
- 1/4 çay kaşığı öğütülmüş hindistan cevizi
- 1 yemek kaşığı limon suyu
- Üzerine serpmek için pudra şekeri (isteğe bağlı)

TALİMATLAR:
a) Fırınınızı önceden 375°F (190°C) ısıtın.
b) Temel ciabatta hamurunu favori tarifinize göre hazırlayın.
c) Orta ateşte bir tavada tereyağını eritin. Doğranmış elmaları ekleyin ve yumuşayana kadar yaklaşık 5-7 dakika pişirin.
ç) Esmer şekeri, öğütülmüş tarçını, öğütülmüş hindistan cevizini ve limon suyunu karıştırın. Karışım karamelize olup kokusu çıkana kadar 2-3 dakika daha pişirin. Ateşten alın ve biraz soğumasını bekleyin.
d) Ciabatta hamurunu küçük porsiyonlara bölün. Her parçayı daire şeklinde düzleştirin.
e) Elma karışımını her ciabatta dairesinin ortasına kaşıkla dökün.
f) Ciabatta hamurunun kenarlarını elma dolgusunun üzerine katlayın, kenarları sıkıştırıp bir top oluşturun.
g) Doldurulmuş ciabatta rulolarını parşömen kağıdıyla kaplı bir fırın tepsisine yerleştirin.
ğ) Önceden ısıtılmış fırında 15-20 dakika veya rulolar altın rengi kahverengi olana ve tamamen pişene kadar pişirin.
h) Fırından çıkarın ve hafifçe soğumaya bırakın. İsteğe göre servis yapmadan önce üzerine pudra şekeri serpin.

16.Kızılcık Ceviz Tam Buğday Ciabatta

İÇİNDEKİLER:

- 1 1/2 bardak ılık su (110°F veya 45°C)
- 2 1/4 çay kaşığı aktif kuru maya (1 paket)
- 1 çay kaşığı şeker
- 3 1/2 su bardağı tam buğday unu
- 1 1/2 çay kaşığı tuz
- 1/2 su bardağı kurutulmuş kızılcık
- 1/2 su bardağı kıyılmış ceviz
- 1 yemek kaşığı zeytinyağı
- Mısır unu veya irmik unu (tozlamak için)

TALİMATLAR:

a) Küçük bir kapta ılık su, maya ve şekeri birleştirin. Karışım köpük haline gelinceye kadar yaklaşık 5-10 dakika bekletin.
b) Büyük bir karıştırma kabında tam buğday ununu ve tuzu birleştirin. Unlu karışımın ortasını havuz gibi açın.
c) Maya karışımını ve zeytinyağını unun içindeki kuyuya dökün.
ç) Bir hamur oluşana kadar malzemeleri birlikte karıştırın.
d) Hamuru unlu bir yüzeyde pürüzsüz ve elastik hale gelinceye kadar yaklaşık 8-10 dakika yoğurun. Eğer hamur çok cıvık olursa biraz daha un ekleyebilirsiniz.
e) Hamuru hafifçe yağlanmış bir kaseye koyun, üzerini temiz bir bezle veya plastik bir örtüyle örtün ve ılık, hava akımı olmayan bir yerde yaklaşık 1 saat veya boyutu iki katına çıkana kadar mayalanmaya bırakın.
f) Fırınınızı 230°C'ye (450°F) önceden ısıtın. Ön ısıtma sırasında fırına bir fırın taşı veya ters çevrilmiş bir fırın tepsisi yerleştirin. Pizza taşınız varsa ciabatta pişirmek için harikadır.
g) Hamuru ikiye bölüp iki eşit parçaya bölün.
ğ) Her parçayı uzun, ince bir ciabatta şekline getirin. Hamuru şekillendirmek için ellerinizi kullanabilir veya unlu bir yüzeyde yuvarlayabilir ve daha sonra mısır unu veya irmik unu serpilmiş bir fırın tepsisine veya pizza kabuğuna aktarabilirsiniz.
h) Kurutulmuş kızılcıkları ve kıyılmış cevizleri her ciabatta'nın üstüne eşit şekilde serpin ve yavaşça hamurun içine bastırın.

ı) Şekil verdiğiniz ciabattaların üzerini temiz bir bezle örtüp tekrar 20-30 dakika kadar mayalanmaya bırakın.

i) Keskin bir bıçak veya jilet kullanarak ciabatta'nın üst kısımlarında çapraz kesikler yapın. Bu onların klasik ciabatta görünümünü genişletmelerine ve geliştirmelerine yardımcı olur.

j) Ciabatta'yı önceden ısıtılmış fırına, doğrudan pişirme taşının üzerine veya sıcak fırın tepsisine dikkatlice aktarın. Fırını açarken dikkatli olun; Bu çok sıcak!

k) Yaklaşık 25-30 dakika veya ciabatta altın kahverengi olana ve altına dokunulduğunda içi boş bir ses çıkana kadar pişirin.

l) Ciabatta'yı dilimleyip servis etmeden önce tel ızgara üzerinde soğumaya bırakın.

17.Bal Sırlı Kayısı Ciabatta

İÇİNDEKİLER:

- 2 su bardağı Un
- 1,5 su bardağı su
- 1 çay kaşığı Maya
- 1 yemek kaşığı Tuz
- 10 adet geceden portakal suyuna batırılmış kuru kayısı
- 3 yemek kaşığı Bal
- 1 yemek kaşığı Tereyağı
- 1 yemek kaşığı Badem gevreği
- 1 yemek kaşığı Kuru Üzüm

TALİMATLAR:

a) Tüm malzemelerinizi toplayarak başlayın.
b) Hamurun hazırlanmasını kolaylaştırmak için unu derin bir kaba alın. Una maya ve tuz ekleyin, ardından çırpın ve her şeyi iyice karıştırın.
c) Suyu ekleyin ve un karışımıyla iyice birleştirin. Bu noktada ele yapışan bir hamur elde edeceksiniz.
ç) Hamurun bulunduğu kabın üzerini streç filmle kapatıp 45 dakika dinlendirin.
d) 45 dakika sonra ellerinizi ıslatıp hamuru birkaç dakika katlayın. Hamur hala biraz yapışkan olabilir. Her tekrar 45 dakikalık aralıklarla ayrılarak bu adımı üç kez tekrarlayın.
e) Son 45 dakikalık aradan sonra çalışma yüzeyini unlayın ve hamuru buraya aktarın. Hamurun üzerine de biraz un serpin.
f) Hamuru 4 eşit parçaya bölün.
g) Bir porsiyon alın, bastırın ve yayın, ardından ciabatta şekline getirin. Bu işlemi diğer porsiyonlarla tekrarlayın.
ğ) Rulo hamurunu parşömen kağıdıyla kaplı veya yağlanmış bir fırın tepsisine yerleştirin. Üzerini bir bez peçeteyle örtüp 20 dakika daha dinlendirin.
h) Fırını önceden 200 santigrat dereceye ısıtın. Fırın ısınırken peçeteyi çıkarın ve hamurun üzerine hafifçe su püskürtün. Keskin bir bıçakla hamurun üzerine birkaç kesik atın. 30 dakika pişirin.
ı) 30 dakika sonra güzel altın renkli ciabatta'ya sahip olacaksınız.

i) Şimdi ballı kayısıları hazırlayalım. Kayısıların portakal suyunu süzün. Bir tavada tereyağını eritin ve ısınınca kayısıları ekleyin.
j) Kayısıların her iki tarafı da altın rengi oluncaya kadar pişirin.
k) Balı tavaya ekleyin ve kayısılar için parlak bir sır elde etmek için iyice karıştırın.
l) Çanağı birleştirmenin zamanı geldi. Ciabatta'yı istediğiniz şekillerde kesin ve üzerine ballı kayısıları ekleyin. Badem pulları ve kuru üzümlerle süsleyin.

18. Yaban Mersini ve Limonlu Ciabatta

İÇİNDEKİLER:

- 1 paket Maya
- 1½ yemek kaşığı Bal
- 1¼ bardak ılık su
- 1½ su bardağı Ekmek unu
- 1½ su bardağı tam buğday unu
- 1 çay kaşığı Tuz
- 1 su bardağı taze yaban mersini
- 1 limon kabuğu rendesi ve
- ¼ bardak Limon suyu
- Tereyağı (kaseyi kaplamak için)
- 1 Yumurta (çırpılmış, üzeri için)

TALİMATLAR:

a) Mayayı ve balı ¼ bardak ılık suda eritin ve köpürene kadar yaklaşık 10 dakika bekletin.

b) Plastik hamur bıçağıyla donatılmış bir mutfak robotunda ekmek ununu, tam buğday ununu ve tuzu birleştirin. Yaklaşık 30 saniye boyunca işlem yapın.

c) Makine çalışır durumdayken maya karışımını mutfak robotuna ekleyin. Kalan 1 bardak suyu besleme borusundan yavaşça ekleyin. Hamur kasenin kenarlarından temizlenene ve artık kuru olmayana kadar yaklaşık 1 dakika işlem yapın.

ç) Hamuru hafifçe unlanmış tezgahta açın.

d) Taze yaban mersini ve limon kabuğu rendesini yaklaşık 5 dakika veya eşit şekilde dağılıncaya kadar yoğurun.

e) Büyük bir kaseyi tereyağıyla kaplayın. Hamuru kaseye aktarın, üstünü tereyağıyla kaplayacak şekilde çevirin. Plastik ambalaj ve bir havluyla örtün ve hamur iki katına çıkana kadar yaklaşık 1 ila 1-½ saat boyunca ılık bir yerde mayalanmaya bırakın.

f) Fırınınızı 220°C'ye (425°F) önceden ısıtın.

g) Hamuru hafifçe unlanmış tezgahta tekrar açın.

ğ) Hava kabarcıklarını gidermek için aşağı doğru bastırın ve hamuru yaklaşık 15-16 inç uzunluğunda ciabatta şeklinde şekillendirin.

h) Şekil verilen hamurları tereyağlı fırın tepsisine veya ciabatta tavasına aktarın.

ı) Plastik ambalaj ve bir havluyla örtün ve hamur neredeyse iki katına çıkana kadar yaklaşık 45 dakika kadar kabarmaya bırakın.
i) Ciabatta'yı çırpılmış yumurtayla fırçalayın.
j) Ciabatta iyice kızarana ve dokunulduğunda içi boş bir ses çıkana kadar 30 ila 40 dakika pişirin.
k) Ciabatta pişerken limon suyunu biraz bal ile karıştırarak limon sırını hazırlayın.
l) Ciabatta bittiğinde fırından çıkarın ve limon aroması katmak için hemen üzerine limon sosu sürün.
m) Dilimlemeden önce ciabatta'nın birkaç dakika soğumasını bekleyin.
n) Ciabatta'yı bireysel porsiyonlara bölün ve Yaban Mersini ve Limonlu Ciabatta'nın tadını çıkarın.

19. İncir ve Brie Tam Buğday Ciabatta

İÇİNDEKİLER:

- 1 1/2 bardak ılık su (110°F veya 45°C)
- 2 1/4 çay kaşığı aktif kuru maya (1 paket)
- 1 çay kaşığı şeker
- 3 1/2 su bardağı tam buğday unu
- 1 1/2 çay kaşığı tuz
- 1/2 bardak kuru incir, doğranmış
- 4 ons Brie peyniri, dilimlenmiş veya küp şeklinde
- 1 yemek kaşığı zeytinyağı
- Mısır unu veya irmik unu (tozlamak için)

TALİMATLAR:

a) Küçük bir kapta ılık su, maya ve şekeri birleştirin. Karışım köpük haline gelinceye kadar yaklaşık 5-10 dakika bekletin.
b) Büyük bir karıştırma kabında tam buğday ununu ve tuzu birleştirin. Unlu karışımın ortasını havuz gibi açın.
c) Maya karışımını ve zeytinyağını unun içindeki kuyuya dökün.
ç) Bir hamur oluşana kadar malzemeleri birlikte karıştırın.
d) Hamuru unlu bir yüzeyde pürüzsüz ve elastik hale gelinceye kadar yaklaşık 8-10 dakika yoğurun. Eğer hamur çok cıvık olursa biraz daha un ekleyebilirsiniz.
e) Hamuru hafifçe yağlanmış bir kaseye koyun, üzerini temiz bir bezle veya plastik bir örtüyle örtün ve ılık, hava akımı olmayan bir yerde yaklaşık 1 saat veya boyutu iki katına çıkana kadar mayalanmaya bırakın.
f) Fırınınızı 230°C'ye (450°F) önceden ısıtın. Ön ısıtma sırasında fırına bir fırın taşı veya ters çevrilmiş bir fırın tepsisi yerleştirin. Pizza taşınız varsa ciabatta pişirmek için harikadır.
g) Hamuru ikiye bölüp iki eşit parçaya bölün.
ğ) Her parçayı uzun, ince bir ciabatta şekline getirin. Hamuru şekillendirmek için ellerinizi kullanabilir veya unlu bir yüzeyde yuvarlayabilir ve daha sonra mısır unu veya irmik unu serpilmiş bir fırın tepsisine veya pizza kabuğuna aktarabilirsiniz.
h) Kıyılmış kuru incirleri ve Brie peyniri dilimlerini veya küplerini hamurun içine eşit şekilde bastırın.

ı) Şekil verdiğiniz ciabattaların üzerini temiz bir bezle örtüp tekrar 20-30 dakika kadar mayalanmaya bırakın.

i) Keskin bir bıçak veya jilet kullanarak ciabatta'nın üst kısımlarında çapraz kesikler yapın. Bu onların klasik ciabatta görünümünü genişletmelerine ve geliştirmelerine yardımcı olur.

j) Ciabatta'yı önceden ısıtılmış fırına, doğrudan pişirme taşının üzerine veya sıcak fırın tepsisine dikkatlice aktarın. Fırını açarken dikkatli olun; Bu çok sıcak!

k) Yaklaşık 25-30 dakika veya ciabatta altın kahverengi olana ve altına dokunulduğunda içi boş bir ses çıkana kadar pişirin.

l) Ciabatta'yı dilimleyip servis etmeden önce tel ızgara üzerinde soğumaya bırakın.

m) Tatlı incir ve kremalı Brie peynirinin enfes birleşimi ile ev yapımı İncir ve Brie Tam Buğday Ciabatta'nızın tadını çıkarın!

OTLU CIABATTA

20.Biberiye Sarımsak Ciabatta

İÇİNDEKİLER:

- 500 gr güçlü beyaz ekmek unu
- 10 gr tuz
- 7 gr anlık maya
- 350 ml ılık su
- 2 yemek kaşığı zeytinyağı
- 2 diş sarımsak, kıyılmış
- 1 yemek kaşığı doğranmış taze biberiye
- Fırçalamak için ekstra zeytinyağı

TALİMATLAR:

a) Bir kapta un, tuz ve mayayı birlikte karıştırın. Su ve zeytinyağını ekleyip pürüzsüz hale gelinceye kadar yoğurun.
b) Üzerini örtüp boyutu iki katına çıkana kadar mayalanmaya bırakın.
c) Fırını 220°C'ye (425°F) önceden ısıtın.
ç) Hamuru yumruklayın ve ciabatta somunu haline getirin.
d) Bir fırın tepsisine yerleştirin, üzerini örtün ve tekrar kabarmaya bırakın.
e) Kıyılmış sarımsak ve doğranmış biberiyeyi biraz zeytinyağıyla karıştırın. Karışımı ciabatta'nın üzerine fırçalayın.
f) Altın kahverengi olana kadar 25-30 dakika pişirin. Dilimlemeden önce tel ızgara üzerinde soğutun.

21. Sarımsak Parsely Ciabatta

İÇİNDEKİLER:

- 1 ciabatta somunu
- ½ bardak tuzlu tereyağı
- 4 diş sarımsak
- 2 yemek kaşığı ince rendelenmiş Parmesan peyniri artı sıcak sarımsaklı ekmeğin üzerine serpmek için ekstra
- 2 yemek kaşığı ince kıyılmış düz yaprak maydanoz
- ⅛ çay kaşığı ince tuz

TALİMATLAR:

a) Fırını önceden 425°F/220°C'ye ısıtın ve büyük bir fırın tepsisini hazırlayın.

b) Ciabatta'yı uzunlamasına ikiye bölün ve kesilmiş tarafı yukarı bakacak şekilde fırın tepsisine yerleştirin.

c) Sarımsak dişlerini ince ince soyun ve doğrayın. Üzerine tuz serpin ve doğranmış sarımsakları ezmek için bıçağın düz bıçağını kullanın. Sarımsak yığınının üzerinde ilerleyin, ardından hepsini bir araya kazıyın ve tekrarlayın. Sarımsak ince bir macun haline gelinceye kadar bunu birkaç kez yapın.

ç) Küçük bir karıştırma kabında tereyağı, kıyılmış sarımsak, Parmesan peyniri ve maydanozu birleştirin.

d) Bir palet bıçağı veya benzeri bir alet kullanarak, tereyağı karışımını ekmeğin her iki yarısının kesilmiş tarafına ince ve eşit bir tabaka halinde yayın.

e) Tereyağı eriyene ve ekmek hafif altın rengi kahverengi olana kadar 10-15 dakika pişirin. Fırından çıkarın ve hemen üzerine ekstra rendelenmiş Parmesan peyniri serpin. 2 inç (5 cm) dilimler halinde kesin ve sıcak olarak servis yapın.

22. Biberiye Ciabatta

İÇİNDEKİLER:

- 1 baş sarımsak
- 1 çay kaşığı tuz
- 1 yemek kaşığı zeytinyağı
- 4 dal biberiye
- sadece iğneler
- 1 somun ciabatta
- 1 tutam kaba deniz tuzu

TALİMATLAR:

a) Sarımsak ampulünün üst kısmını kesin (karanfillerin aşağısını görebilmeniz için) ve ampulü yanmaz bir tabağa yerleştirin.
b) Bir çay kaşığı tuz ve bir yemek kaşığı zeytinyağı serpin.
c) Bunu bir saat boyunca 190 santigrat derece sıcaklıktaki fırına koyun.
ç) Sarımsak fırından çıktığında kısa bir süre soğumasını bekleyin ve ardından sarımsağı bir kaseye sıkın.
d) 60 mL zeytinyağı ekleyin ve iyice karıştırın.
e) Fırının ısısını 225 dereceye yükseltin.
f) Ekmeği bıçakla boydan boya değil (tabanın yaklaşık 1 cm yukarısında) kesin.
g) Kenarlarını sarımsak/zeytinyağı karışımıyla fırçalayın.
ğ) Ekmeğin üzerine biberiye ve 1 yemek kaşığı iri deniz tuzu serpin. Biraz zeytinyağı gezdirin.
h) Ekmeği fırına koyun ve 20 ila 25 dakika kadar pişmesini bekleyin.
ı) Ekmek koyulaştığında üzerini alüminyum folyo ile kaplayabilirsiniz.

23.Biberiye Tam Buğday Ciabatta

İÇİNDEKİLER:

- 1 1/2 bardak ılık su (110°F veya 45°C)
- 2 1/4 çay kaşığı aktif kuru maya (1 paket)
- 1 çay kaşığı şeker
- 3 1/2 su bardağı tam buğday unu
- 1 1/2 çay kaşığı tuz
- 1 yemek kaşığı zeytinyağı
- 1 1/2 yemek kaşığı taze biberiye, ince doğranmış (veya 1 1/2 çay kaşığı kurutulmuş biberiye)
- Mısır unu veya irmik unu (tozlamak için)

TALİMATLAR:

a) Küçük bir kapta ılık su, maya ve şekeri birleştirin. Karışım köpük haline gelinceye kadar yaklaşık 5-10 dakika bekletin.
b) Büyük bir karıştırma kabında tam buğday ununu, tuzu ve doğranmış biberiyeyi birleştirin. Unlu karışımın ortasını havuz gibi açın.
c) Maya karışımını ve zeytinyağını unun içindeki kuyuya dökün.
ç) Bir hamur oluşana kadar malzemeleri birlikte karıştırın.
d) Hamuru unlu bir yüzeyde pürüzsüz ve elastik hale gelinceye kadar yaklaşık 8-10 dakika yoğurun. Eğer hamur çok cıvık olursa biraz daha un ekleyebilirsiniz.
e) Hamuru hafifçe yağlanmış bir kaseye koyun, üzerini temiz bir bezle veya plastik bir örtüyle örtün ve ılık, hava akımı olmayan bir yerde yaklaşık 1 saat veya boyutu iki katına çıkana kadar mayalanmaya bırakın.
f) Fırınınızı 230°C'ye (450°F) önceden ısıtın. Ön ısıtma sırasında fırına bir fırın taşı veya ters çevrilmiş bir fırın tepsisi yerleştirin. Pizza taşınız varsa ciabatta pişirmek için harikadır.
g) Hamuru ikiye bölüp iki eşit parçaya bölün.
ğ) Her parçayı uzun, ince bir ciabatta şekline getirin. Hamuru şekillendirmek için ellerinizi kullanabilir veya unlu bir yüzeyde yuvarlayabilir ve daha sonra mısır unu veya irmik unu serpilmiş bir fırın tepsisine veya pizza kabuğuna aktarabilirsiniz.
h) Şekil verdiğiniz ciabattaların üzerini temiz bir bezle örtüp tekrar 20-30 dakika kadar mayalanmaya bırakın.

ı) Keskin bir bıçak veya jilet kullanarak ciabatta'nın üst kısımlarında çapraz kesikler yapın. Bu onların klasik ciabatta görünümünü genişletmelerine ve geliştirmelerine yardımcı olur.

i) Ciabatta'yı önceden ısıtılmış fırına, doğrudan pişirme taşının üzerine veya sıcak fırın tepsisine dikkatlice aktarın. Fırını açarken dikkatli olun; Bu çok sıcak!

j) Yaklaşık 25-30 dakika veya ciabatta altın kahverengi olana ve altına dokunulduğunda içi boş bir ses çıkana kadar pişirin.

k) Ciabatta'yı dilimleyip servis etmeden önce tel ızgara üzerinde soğumaya bırakın.

l) Biberiyenin harika aroması ve lezzetiyle ev yapımı Biberiye Tam Buğday Ciabatta'nızın tadını çıkarın!

SOMUN CIABATTA

24. Fındık ve Kuru Üzüm Ciabatta

İÇİNDEKİLER:

- 1 paket Maya
- 1½ yemek kaşığı Bal
- 1¼ bardak ılık su
- 1½ su bardağı Ekmek unu
- 1½ su bardağı tam buğday unu
- 1 çay kaşığı Tuz
- ¾ bardak ceviz yarımları veya antep fıstığı
- ¾ bardak kuş üzümü
- ¼ bardak Altın kuru üzüm
- Tereyağı; kaseyi kaplamak için
- 1 yumurta; sır için dövülmüş

TALİMATLAR:

a) Mayayı ve balı ¼ bardak ılık suda eritin ve köpürene kadar yaklaşık 10 dakika bekletin.

b) Plastik hamur bıçağıyla donatılmış bir mutfak robotunda unları ve tuzu birleştirin. Yaklaşık 30 saniye işleyin. Cevizleri ekleyin ve 15 saniye daha işlemden geçirin. Makine çalışırken maya karışımını besleme tüpünden dökün.

c) Makine çalışırken, besleme borusundan yavaşça 1 bardak su ekleyin.

ç) Hamur kasenin kenarlarından temizlenene ve artık kuru olmayana kadar, yaklaşık 1 dakika daha işlem yapın. Hafifçe unlanmış bir tahtaya alıp kuş üzümü ve kuru üzümleri ekleyerek yaklaşık 5 dakika yoğurun.

d) Büyük bir kaseyi tereyağıyla kaplayın. Hamuru kaseye aktarın, üstünü tereyağıyla kaplayacak şekilde çevirin. Plastik ambalaj ve bir havluyla örtün ve sıcak bir yerde hamur iki katına çıkana kadar yaklaşık 1 ila 1-½ saat kadar mayalanmaya bırakın.

e) Hamuru hafifçe unlanmış tezgahta açın. Hava kabarcıklarını gidermek için aşağı doğru bastırın ve hamuru iki eşit parçaya bölün. Her parçayı 6 x 15 inçlik bir sayfaya yuvarlayın. Sayfaları uzun silindirler halinde yuvarlayın, kenarları sıkıştırarak kapatın. Silindirleri, dikiş tarafı aşağı gelecek şekilde tereyağlı bir fırın tepsisine veya iki ciabatta tavasına aktarın. Plastik ambalaj ve bir havluyla örtün ve hamur neredeyse iki katına çıkana kadar yaklaşık 45 dakika kadar kabarmaya bırakın.

f) Fırını 425'e önceden ısıtın.

g) Somunları çırpılmış yumurtaya sürün ve her birini keskin bir bıçakla çapraz olarak birkaç kez kesin.

ğ) Somunlar iyice kızarıncaya kadar 30 ila 40 dakika pişirin.

25. Badem Haşhaş Tohumu Tam Buğday Ciabatta

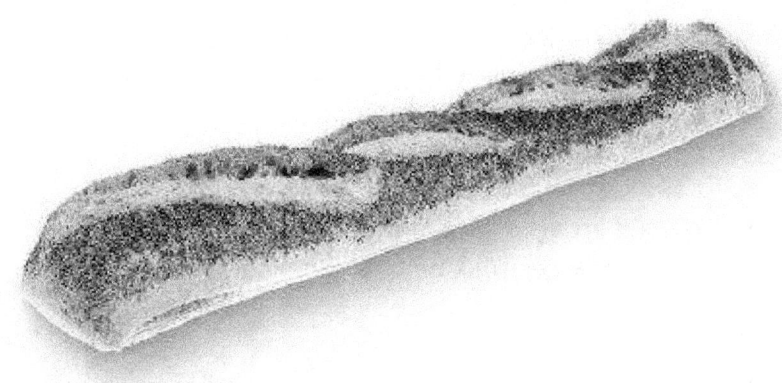

İÇİNDEKİLER:

- 1 1/2 bardak ılık su (110°F veya 45°C)
- 2 1/4 çay kaşığı aktif kuru maya (1 paket)
- 1/4 su bardağı şeker
- 3 1/2 su bardağı tam buğday unu
- 1 1/2 çay kaşığı tuz
- 1/4 bardak badem unu (ince öğütülmüş badem)
- 2 yemek kaşığı haşhaş tohumu
- 1/4 su bardağı bitkisel yağ
- 1 çay kaşığı badem özü
- 1/2 su bardağı dilimlenmiş badem (üstü için)
- Mısır unu veya irmik unu (tozlamak için)

TALİMATLAR:

a) Küçük bir kapta ılık su, maya ve şekeri birleştirin. Karışım köpük haline gelinceye kadar yaklaşık 5-10 dakika bekletin.
b) Büyük bir karıştırma kabında tam buğday unu, badem unu, haşhaş tohumu ve tuzu birleştirin.
c) Unlu karışımın ortasını havuz gibi açın.
ç) Maya karışımını, bitkisel yağı ve badem özünü unun içindeki kuyuya dökün.
d) Bir hamur oluşana kadar malzemeleri birlikte karıştırın.
e) Hamuru unlu bir yüzeyde pürüzsüz ve elastik hale gelinceye kadar yaklaşık 8-10 dakika yoğurun. Eğer hamur çok cıvık olursa biraz daha un ekleyebilirsiniz.
f) Hamuru hafifçe yağlanmış bir kaseye koyun, üzerini temiz bir bezle veya plastik bir örtüyle örtün ve ılık, hava akımı olmayan bir yerde yaklaşık 1 saat veya boyutu iki katına çıkana kadar mayalanmaya bırakın.
g) Fırınınızı önceden 375°F (190°C) ısıtın. Ön ısıtma sırasında fırına bir fırın tepsisi yerleştirin.
ğ) Hamuru yumruklayın ve uzun, ince bir ciabatta şekline getirin. Ellerinizi kullanarak hamura şekil verebilir veya unlanmış bir yüzeyde açabilirsiniz.
h) Sıcak fırın tepsisine mısır unu veya irmik unu serpin ve ardından ciabatta'yı tepsiye aktarın.

ı) Dilimlenmiş bademleri ciabatta'nın üzerine serpin ve yavaşça hamurun içine bastırın.
i) Keskin bir bıçak veya jilet kullanarak, dekorasyon için ciabatta'nın üst kısmına birkaç sığ kesik açın.
j) Yaklaşık 25-30 dakika veya ciabatta sertleşene ve altına dokunulduğunda içi boş bir ses çıkana kadar pişirin.
k) Ciabatta'yı dilimleyip servis etmeden önce tel ızgara üzerinde soğumaya bırakın.
l) Bademlerin fındık tadı ve haşhaş tohumlarının narin lezzetiyle dolu, lezzetli Badem Haşhaş Tohumlu Tam Buğday Ciabatta'nızın tadını çıkarın!

26. Kızılcık Macadamia Ciabatta

İÇİNDEKİLER:

- 1 1/2 bardak ılık su (110°F veya 45°C)
- 2 1/4 çay kaşığı aktif kuru maya (1 paket)
- 1 çay kaşığı şeker
- 3 1/2 su bardağı tam buğday unu
- 1 1/2 çay kaşığı tuz
- 1/2 su bardağı kurutulmuş kızılcık
- 1/2 su bardağı doğranmış macadamias
- 1 yemek kaşığı zeytinyağı
- Mısır unu veya irmik unu (tozlamak için)

TALİMATLAR:

a) Küçük bir kapta ılık su, maya ve şekeri birleştirin. Karışım köpük haline gelinceye kadar yaklaşık 5-10 dakika bekletin.
b) Büyük bir karıştırma kabında tam buğday ununu ve tuzu birleştirin. Unlu karışımın ortasını havuz gibi açın.
c) Maya karışımını ve zeytinyağını unun içindeki kuyuya dökün.
ç) Bir hamur oluşana kadar malzemeleri birlikte karıştırın.
d) Hamuru unlu bir yüzeyde pürüzsüz ve elastik hale gelinceye kadar yaklaşık 8-10 dakika yoğurun. Eğer hamur çok cıvık olursa biraz daha un ekleyebilirsiniz.
e) Hamuru hafifçe yağlanmış bir kaseye koyun, üzerini temiz bir bezle veya plastik bir örtüyle örtün ve ılık, hava akımı olmayan bir yerde yaklaşık 1 saat veya boyutu iki katına çıkana kadar mayalanmaya bırakın.
f) Fırınınızı 230°C'ye (450°F) önceden ısıtın. Ön ısıtma sırasında fırına bir fırın taşı veya ters çevrilmiş bir fırın tepsisi yerleştirin. Pizza taşınız varsa ciabatta pişirmek için harikadır.
g) Hamuru ikiye bölüp iki eşit parçaya bölün.
ğ) Her parçayı uzun, ince bir ciabatta şekline getirin. Hamuru şekillendirmek için ellerinizi kullanabilir veya unlu bir yüzeyde yuvarlayabilir ve daha sonra mısır unu veya irmik unu serpilmiş bir fırın tepsisine veya pizza kabuğuna aktarabilirsiniz.
h) Kurutulmuş kızılcıkları ve kıyılmış fındıkları her ciabatta'nın üstüne eşit şekilde serpin ve yavaşça hamurun içine bastırın.

ı) Şekil verdiğiniz ciabattaların üzerini temiz bir bezle örtüp tekrar 20-30 dakika kadar mayalanmaya bırakın.

i) Keskin bir bıçak veya jilet kullanarak ciabatta'nın üst kısımlarında çapraz kesikler yapın. Bu onların klasik ciabatta görünümünü genişletmelerine ve geliştirmelerine yardımcı olur.

j) Ciabatta'yı önceden ısıtılmış fırına, doğrudan pişirme taşının üzerine veya sıcak fırın tepsisine dikkatlice aktarın. Fırını açarken dikkatli olun; Bu çok sıcak!

k) Yaklaşık 25-30 dakika veya ciabatta altın kahverengi olana ve altına dokunulduğunda içi boş bir ses çıkana kadar pişirin.

l) Ciabatta'yı dilimleyip servis etmeden önce tel ızgara üzerinde soğumaya bırakın.

27. Frenk üzümü-ceviz ciabatta

İÇİNDEKİLER:

- 1 paket Maya
- 1½ yemek kaşığı Bal
- 1¼ bardak ılık su
- 1½ su bardağı Ekmek unu
- 1½ su bardağı tam buğday unu
- 1 çay kaşığı Tuz
- ¾ bardak ceviz yarımları veya antep fıstığı
- ¾ bardak kuş üzümü
- ¼ bardak Altın kuru üzüm
- Tereyağı; kaseyi kaplamak için
- 1 yumurta; sır için dövülmüş

TALİMATLAR:

h) Mayayı ve balı ¼ bardak ılık suda eritin ve köpürene kadar yaklaşık 10 dakika bekletin.

ı) Plastik hamur bıçağıyla donatılmış bir mutfak robotunda unları ve tuzu birleştirin. Yaklaşık 30 saniye işleyin. Cevizleri ekleyin ve 15 saniye daha işlemden geçirin. Makine çalışırken maya karışımını besleme tüpünden dökün.

i) Makine çalışırken, besleme borusundan yavaşça 1 bardak su ekleyin.

j) Hamur kasenin kenarlarından temizlenene ve artık kuru olmayana kadar, yaklaşık 1 dakika daha işlem yapın. Hafifçe unlanmış bir tahtaya alıp kuş üzümü ve kuru üzümleri ekleyerek yaklaşık 5 dakika yoğurun.

k) Büyük bir kaseyi tereyağıyla kaplayın. Hamuru kaseye aktarın, üstünü tereyağıyla kaplayacak şekilde çevirin. Plastik ambalaj ve bir havluyla örtün ve sıcak bir yerde hamur iki katına çıkana kadar yaklaşık 1 ila 1-½ saat kadar mayalanmaya bırakın.

l) Hamuru hafifçe unlanmış tezgahta açın. Hava kabarcıklarını gidermek için aşağı doğru bastırın ve hamuru iki eşit parçaya bölün. Her parçayı 6 x 15 inçlik bir sayfaya yuvarlayın. Sayfaları uzun silindirler halinde yuvarlayın, kenarları sıkıştırarak kapatın.

Silindirleri, dikiş tarafı aşağı gelecek şekilde tereyağlı bir fırın tepsisine veya iki ciabatta tavasına aktarın. Plastik ambalaj ve bir havluyla örtün ve hamur neredeyse iki katına çıkana kadar yaklaşık 45 dakika kadar kabarmaya bırakın.

m) Fırını 425'e önceden ısıtın.

n) Somunları çırpılmış yumurtaya sürün ve her birini keskin bir bıçakla çapraz olarak birkaç kez kesin.

o) Somunlar iyice kızarıncaya kadar 30 ila 40 dakika pişirin.

BAHARATLI CIABATTA

28.Bal baharatlı kamut ekmeği

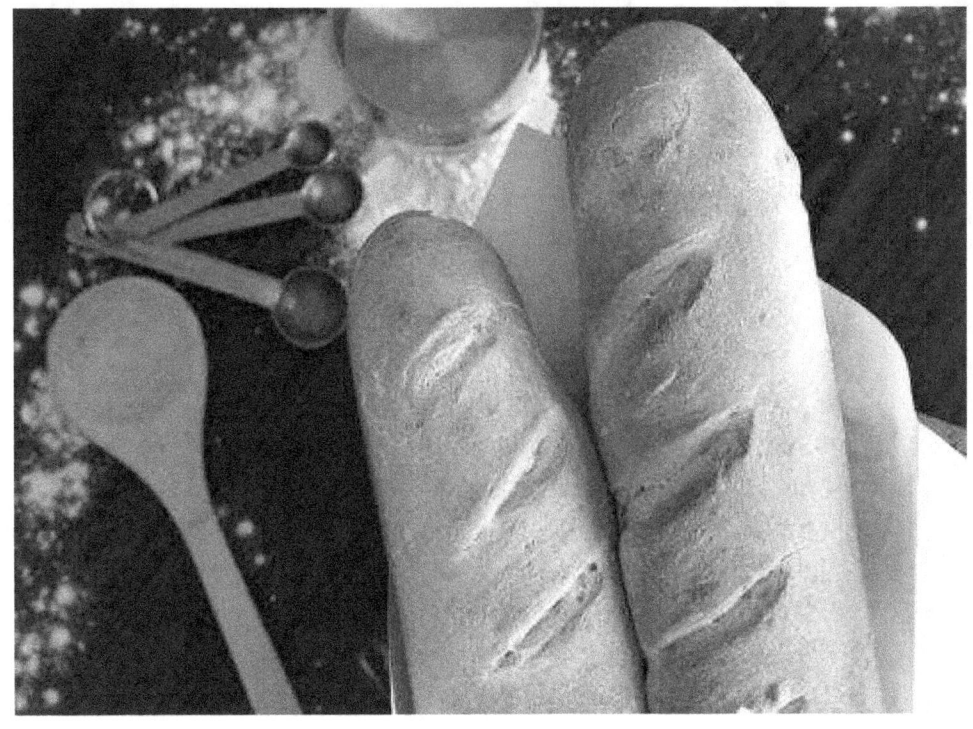

İÇİNDEKİLER:

- ½ su bardağı ılık su
- 2 paket Kuru aktif maya
- 1½ bardak Sıcak soya sütü
- 2 yemek kaşığı Kanola yağı
- ½ bardak Bal
- 1 büyük Yumurta veya eşdeğeri vegan yumurta yerine
- 3 su bardağı Kamut unu
- 1 çay kaşığı Tarçın
- 1 çay kaşığı Hindistan cevizi
- ½ çay kaşığı Tuz
- 3 su bardağı elenmiş un
- Pişirme spreyi veya yağı

TALİMATLAR:

a) Küçük bir kapta su ve mayayı karıştırın. Örtün ve 7 ila 10 dakika bekletin.

b) Orta boy bir karıştırma kabında soya sütü, yağ, bal ve yumurtayı karıştırın. Bir kenara koyun.

c) Büyük bir karıştırma kabında kamur unu, tarçın, hindistan cevizi ve tuzu karıştırın. Süt karışımını ve maya karışımını birleştirin ve iyice karıştırın. Yazılmış unu yavaş yavaş karıştırın.

ç) Hamuru hafifçe unlanmış bir yüzeye çevirin ve 4 ila 5 dakika veya hamur hafif elastik oluncaya kadar yoğurun.

d) Hamuru bir havluyla örtün ve 1 ila 2 saat veya boyutu iki katına çıkana kadar mayalanmaya bırakın.

e) Büyük bir fırın tepsisine hafifçe yağ püskürtün veya fırçalayın. Hamuru yumruklayın ve ikiye bölün. Her yarımı dikdörtgen bir somun haline getirin ve somunları yaklaşık üç inç aralıklarla fırın tepsisine yerleştirin. Bir havluyla örtün ve 1 ila 2 saat veya boyutu iki katına çıkana kadar kabarmaya bırakın.

f) Fırını 350F'ye önceden ısıtın. Somunları yaklaşık 45 dakika veya dokunulduğunda içi boş görünene kadar pişirin. 10 dakika soğumaya bırakın, ardından somunları tel rafa aktarın ve dilimlemeden önce tamamen soğumaya bırakın.

29.Kuru Üzüm Tarçın Tam Buğday Ciabatta

İÇİNDEKİLER:

- 1 1/2 bardak ılık su (110°F veya 45°C)
- 2 1/4 çay kaşığı aktif kuru maya (1 paket)
- 1/4 su bardağı şeker
- 3 1/2 su bardağı tam buğday unu
- 1 1/2 çay kaşığı tuz
- 1/2 bardak kuru üzüm
- 2 çay kaşığı öğütülmüş tarçın
- 1 yemek kaşığı zeytinyağı
- Mısır unu veya irmik unu (tozlamak için)

TALİMATLAR:

a) Küçük bir kapta ılık su, maya ve şekeri birleştirin. Karışım köpük haline gelinceye kadar yaklaşık 5-10 dakika bekletin.
b) Büyük bir karıştırma kabında tam buğday ununu, tuzu ve tarçını birleştirin. Unlu karışımın ortasını havuz gibi açın.
c) Maya karışımını ve zeytinyağını unun içindeki kuyuya dökün.
ç) Bir hamur oluşana kadar malzemeleri birlikte karıştırın.
d) Hamuru unlu bir yüzeyde pürüzsüz ve elastik hale gelinceye kadar yaklaşık 8-10 dakika yoğurun. Eğer hamur çok cıvık olursa biraz daha un ekleyebilirsiniz.
e) Hamuru hafifçe yağlanmış bir kaseye koyun, üzerini temiz bir bezle veya plastik bir örtüyle örtün ve ılık, hava akımı olmayan bir yerde yaklaşık 1 saat veya boyutu iki katına çıkana kadar mayalanmaya bırakın.
f) Fırınınızı 230°C'ye (450°F) önceden ısıtın. Ön ısıtma sırasında fırına bir fırın taşı veya ters çevrilmiş bir fırın tepsisi yerleştirin. Pizza taşınız varsa ciabatta pişirmek için harikadır.
g) Hamuru ikiye bölüp iki eşit parçaya bölün.
ğ) Her parçayı uzun, ince bir ciabatta şekline getirin. Hamuru şekillendirmek için ellerinizi kullanabilir veya unlu bir yüzeyde yuvarlayabilir ve daha sonra mısır unu veya irmik unu serpilmiş bir fırın tepsisine veya pizza kabuğuna aktarabilirsiniz.
h) Kuru üzümleri her ciabatta'nın üstüne eşit şekilde serpin ve yavaşça hamurun içine bastırın.

ı) Şekil verdiğiniz ciabattaların üzerini temiz bir bezle örtüp tekrar 20-30 dakika kadar mayalanmaya bırakın.

i) Keskin bir bıçak veya jilet kullanarak ciabatta'nın üst kısımlarında çapraz kesikler yapın. Bu onların klasik ciabatta görünümünü genişletmelerine ve geliştirmelerine yardımcı olur.

j) Ciabatta'yı önceden ısıtılmış fırına, doğrudan pişirme taşının üzerine veya sıcak fırın tepsisine dikkatlice aktarın. Fırını açarken dikkatli olun; Bu çok sıcak!

k) Yaklaşık 25-30 dakika veya ciabatta altın kahverengi olana ve altına dokunulduğunda içi boş bir ses çıkana kadar pişirin.

l) Ciabatta'yı dilimleyip servis etmeden önce tel ızgara üzerinde soğumaya bırakın.

30. Biber Gevreği ve Kırmızı Biber Ciabatta

İÇİNDEKİLER:

- 500 gr güçlü beyaz ekmek unu
- 10 gr tuz
- 7 gr anlık maya
- 350 ml ılık su
- 2 yemek kaşığı zeytinyağı
- 1 yemek kaşığı pul biber
- 1 yemek kaşığı füme kırmızı biber

TALİMATLAR:

a) Un, tuz ve mayayı bir kapta birleştirin. Su ve zeytinyağını ekleyip pürüzsüz hale gelinceye kadar yoğurun.
b) Üzerini örtüp boyutu iki katına çıkana kadar mayalanmaya bırakın.
c) Fırını 220°C'ye (425°F) önceden ısıtın.
ç) Hamuru yumruklayın ve ciabatta somunu haline getirin.
d) Bir fırın tepsisine yerleştirin, üzerini örtün ve tekrar kabarmaya bırakın.
e) Pul biberi ve füme kırmızı biberi biraz zeytinyağıyla karıştırın. Karışımı ciabatta'nın üzerine yayın.
f) Altın kahverengi olana kadar 25-30 dakika pişirin. Dilimlemeden önce tel ızgara üzerinde soğutun.

31.Zerdeçal ve Kimyon Ciabatta

İÇİNDEKİLER:

- 500 gr güçlü beyaz ekmek unu
- 10 gr tuz
- 7 gr anlık maya
- 350 ml ılık su
- 2 yemek kaşığı zeytinyağı
- 1 çay kaşığı öğütülmüş zerdeçal
- 1 çay kaşığı öğütülmüş kimyon

TALİMATLAR:

a) Un, tuz ve mayayı bir kapta karıştırın. Su ve zeytinyağını ekleyip pürüzsüz hale gelinceye kadar yoğurun.

b) Üzerini örtüp boyutu iki katına çıkana kadar mayalanmaya bırakın.

c) Fırını 220°C'ye (425°F) önceden ısıtın.

ç) Hamuru yumruklayın ve ciabatta somunu haline getirin.

d) Bir fırın tepsisine yerleştirin, üzerini örtün ve tekrar kabarmaya bırakın.

e) Zerdeçal ve kimyonu biraz su ile macun haline getirin. Macunu ciabatta'nın üzerine yayın.

f) Altın kahverengi olana kadar 25-30 dakika pişirin. Dilimlemeden önce soğumaya bırakın.

ÇİKOLATA CIABATTA

32.Çikolatalı Fındıklı Ciabatta

İÇİNDEKİLER:

- 1 parti temel ciabatta hamuru
- 1/2 bardak fındık, doğranmış
- 1/2 su bardağı bitter çikolata parçacıkları
- 1/4 bardak kakao tozu

TALİMATLAR:

a) Temel ciabatta hamurunu favori tarifinize göre hazırlayın.

b) İlk kabarmadan sonra hamuru yumruklayın ve doğranmış fındıkları ve bitter çikolata parçalarını ekleyerek eşit şekilde dağılıncaya kadar yoğurun.

c) Hamuru ciabatta somunu haline getirin ve parşömen kağıdıyla kaplı bir fırın tepsisine yerleştirin.

ç) Somunu temiz bir mutfak havlusuyla örtün ve 30-45 dakika daha kabarmaya bırakın.

d) Fırınınızı 200°C'ye (400°F) önceden ısıtın.

e) Pişirmeden önce somunun üstünü kakao tozu ile tozlayın.

f) 20-25 dakika veya somun altın rengi kahverengi olana ve altına dokunulduğunda içi boş bir ses çıkana kadar pişirin.

g) Dilimleyip servis yapmadan önce soğumasını bekleyin.

33.Çikolatalı Portakallı Ciabatta

İÇİNDEKİLER:

- 1 parti temel ciabatta hamuru
- 1 portakalın kabuğu rendesi
- 1/2 su bardağı bitter çikolata parçaları
- 1/4 su bardağı toz şeker

TALİMATLAR:

a) Temel ciabatta hamurunu favori tarifinize göre hazırlayın.

b) İlk kabarmadan sonra hamuru yumruklayın ve portakal kabuğu rendesini, bitter çikolata parçalarını ve toz şekeri ekleyerek eşit şekilde dağılıncaya kadar yoğurun.

c) Hamuru ciabatta somunu haline getirin ve parşömen kağıdıyla kaplı bir fırın tepsisine yerleştirin.

ç) Somunu temiz bir mutfak havlusuyla örtün ve 30-45 dakika daha kabarmaya bırakın.

d) Fırınınızı 200°C'ye (400°F) önceden ısıtın.

e) 20-25 dakika veya somun altın rengi kahverengi olana ve altına dokunulduğunda içi boş bir ses çıkana kadar pişirin.

f) Dilimleyip servis etmeden önce biraz soğumasını bekleyin.

34. Duble Çikolatalı Ciabatta

İÇİNDEKİLER:

- 1 parti temel ciabatta hamuru
- 1/2 su bardağı bitter çikolata parçacıkları
- 1/2 su bardağı beyaz çikolata parçaları
- 2 yemek kaşığı şekersiz kakao tozu

TALİMATLAR:

a) Temel ciabatta hamurunu favori tarifinize göre hazırlayın.

b) İlk kabarmadan sonra hamuru yumruklayın ve koyu çikolata parçacıklarını, beyaz çikolata parçacıklarını ve şekersiz kakao tozunu eşit şekilde dağılıncaya kadar yoğurun.

c) Hamuru ciabatta somunu haline getirin ve parşömen kağıdıyla kaplı bir fırın tepsisine yerleştirin.

ç) Somunu temiz bir mutfak havlusuyla örtün ve 30-45 dakika daha kabarmaya bırakın.

d) Fırınınızı 200°C'ye (400°F) önceden ısıtın.

e) 20-25 dakika veya somun altın rengi kahverengi olana ve altına dokunulduğunda içi boş bir ses çıkana kadar pişirin.

f) Dilimleyip servis etmeden önce soğumasını bekleyin.

35.Çikolatalı Kiraz Badem Ciabatta

İÇİNDEKİLER:

- 1 parti temel ciabatta hamuru
- 1/2 su bardağı bitter çikolata parçaları
- 1/2 su bardağı kurutulmuş kiraz, doğranmış
- 1/4 bardak dilimlenmiş badem

TALİMATLAR:

a) Temel ciabatta hamurunu favori tarifinize göre hazırlayın.

b) İlk kabarmadan sonra hamuru yumruklayın ve bitter çikolata parçalarını, kurutulmuş kirazları ve dilimlenmiş bademleri eşit şekilde dağıtılıncaya kadar yoğurun.

c) Hamuru ciabatta somunu haline getirin ve parşömen kağıdıyla kaplı bir fırın tepsisine yerleştirin.

ç) Somunu temiz bir mutfak havlusuyla örtün ve 30-45 dakika daha kabarmaya bırakın.

d) Fırınınızı 200°C'ye (400°F) önceden ısıtın.

e) 20-25 dakika veya somun altın rengi kahverengi olana ve altına dokunulduğunda içi boş bir ses çıkana kadar pişirin.

f) Dilimleyip servis etmeden önce soğumasını bekleyin.

36. Çikolatalı Fıstık Ezmesi Girdap Ciabatta

İÇİNDEKİLER:

- 1 parti temel ciabatta hamuru
- 1/2 su bardağı bitter çikolata parçacıkları
- 1/4 bardak kremalı fıstık ezmesi

TALİMATLAR:

a) Temel ciabatta hamurunu favori tarifinize göre hazırlayın.
b) İlk kabarmadan sonra hamuru yumruklayın ve bitter çikolata parçacıklarını yavaşça katlayın.
c) Hamuru ikiye bölün ve her parçayı dikdörtgen şeklinde açın.
ç) Fıstık ezmesini bir dikdörtgen hamurun üzerine eşit şekilde yayın ve kenarlarda küçük bir kenarlık bırakın.
d) Diğer dikdörtgen hamuru da üstüne yerleştirin ve kenarlarını bastırarak kapatın.
e) Hamuru dikkatlice bir kütük şekline getirin.
f) Hamuru parşömen kağıdıyla kaplı bir fırın tepsisine aktarın.
g) Somunu temiz bir mutfak havlusuyla örtün ve 30-45 dakika daha kabarmaya bırakın.
ğ) Fırınınızı 200°C'ye (400°F) önceden ısıtın.
h) 20-25 dakika veya somun altın rengi kahverengi olana ve altına dokunulduğunda içi boş bir ses çıkana kadar pişirin.
ı) Dilimleyip servis etmeden önce soğumasını bekleyin.

37.Çikolatalı Hindistan Cevizli Ciabatta

İÇİNDEKİLER:

- 1 parti temel ciabatta hamuru
- 1/2 su bardağı bitter çikolata parçacıkları
- 1/2 su bardağı kıyılmış hindistan cevizi

TALİMATLAR:

a) Temel ciabatta hamurunu favori tarifinize göre hazırlayın.

b) İlk kabarmadan sonra hamuru yumruklayın ve bitter çikolata parçacıklarını ve kıyılmış hindistan cevizini yavaşça katlayın.

c) Hamuru ciabatta somunu haline getirin ve parşömen kağıdıyla kaplı bir fırın tepsisine yerleştirin.

ç) Somunu temiz bir mutfak havlusuyla örtün ve 30-45 dakika daha kabarmaya bırakın.

d) Fırınınızı 200°C'ye (400°F) önceden ısıtın.

e) 20-25 dakika veya somun altın rengi kahverengi olana ve altına dokunulduğunda içi boş bir ses çıkana kadar pişirin.

f) Dilimleyip servis yapmadan önce soğumasını bekleyin.

38. Çikolatalı Ahududu Ciabatta

İÇİNDEKİLER:

- 1 parti temel ciabatta hamuru
- 1/2 su bardağı bitter çikolata parçacıkları
- 1/2 bardak taze ahududu

TALİMATLAR:

a) Temel ciabatta hamurunu favori tarifinize göre hazırlayın.

b) İlk kabarmadan sonra hamuru yumruklayın ve bitter çikolata parçacıklarını ve taze ahududuları yavaşça ekleyin.

c) Hamuru ciabatta somunu haline getirin ve parşömen kağıdıyla kaplı bir fırın tepsisine yerleştirin.

ç) Somunu temiz bir mutfak havlusuyla örtün ve 30-45 dakika daha kabarmaya bırakın.

d) Fırınınızı 200°C'ye (400°F) önceden ısıtın.

e) 20-25 dakika veya somun altın rengi kahverengi olana ve altına dokunulduğunda içi boş bir ses çıkana kadar pişirin.

f) Dilimleyip servis etmeden önce soğumasını bekleyin.

39.Çikolatalı Tam Buğday Ciabatta

İÇİNDEKİLER:
- 1 1/2 bardak ılık su (110°F veya 45°C)
- 2 1/4 çay kaşığı aktif kuru maya (1 paket)
- 1/4 su bardağı şeker
- 3 1/2 su bardağı tam buğday unu
- 1 1/2 çay kaşığı tuz
- 1/4 su bardağı şekersiz kakao tozu
- 1/2 bardak çikolata parçaları (yarı tatlı veya koyu)
- 1/4 su bardağı bitkisel yağ
- 1 çay kaşığı vanilya özü
- Mısır unu veya irmik unu (tozlamak için)

TALİMATLAR:
a) Küçük bir kapta ılık su, maya ve şekeri birleştirin. Karışım köpük haline gelinceye kadar yaklaşık 5-10 dakika bekletin.
b) Büyük bir karıştırma kabında tam buğday ununu, kakao tozunu ve tuzu birleştirin.
c) Unlu karışımın ortasını havuz gibi açın.
ç) Maya karışımını, bitkisel yağı ve vanilya özünü unun içindeki kuyuya dökün.
d) Bir hamur oluşana kadar malzemeleri birlikte karıştırın.
e) Hamuru unlu bir yüzeyde pürüzsüz ve elastik hale gelinceye kadar yaklaşık 8-10 dakika yoğurun. Eğer hamur çok cıvık olursa biraz daha un ekleyebilirsiniz.
f) Hamuru hafifçe yağlanmış bir kaseye koyun, üzerini temiz bir bezle veya plastik bir örtüyle örtün ve ılık, hava akımı olmayan bir yerde yaklaşık 1 saat veya boyutu iki katına çıkana kadar mayalanmaya bırakın.
g) Fırınınızı önceden 375°F (190°C) ısıtın. Ön ısıtma sırasında fırına bir fırın tepsisi yerleştirin.
ğ) Hamuru yoğurun ve çikolata parçacıklarını ekleyin. Çikolata parçacıklarını eşit şekilde dağıtmak için hamuru yoğurun.
h) Hamuru uzun, ince bir ciabatta şekline getirin. Ellerinizi kullanarak hamura şekil verebilir veya unlanmış bir yüzeyde açabilirsiniz.
ı) Sıcak fırın tepsisine mısır unu veya irmik unu serpin ve ardından ciabatta'yı tepsiye aktarın.

i) Keskin bir bıçak veya jilet kullanarak, dekorasyon için ciabatta'nın üst kısmına birkaç sığ kesik açın.
j) Yaklaşık 25-30 dakika veya ciabatta sertleşene ve altına dokunulduğunda içi boş bir ses çıkana kadar pişirin.
k) Ciabatta'yı dilimleyip servis etmeden önce tel ızgara üzerinde soğumaya bırakın.
l) Eşsiz ve tatlı Çikolatalı Tam Buğday Ciabatta'nızın tadını çıkarın! Ekmek ve çikolatanın enfes birleşimi, tatlıya düşkün olanlar için mükemmel.

KAFEİNLİ CIABATTA

40. Espresso Ciabatta

İÇİNDEKİLER:

- 1 parti temel ciabatta hamuru
- 2 yemek kaşığı ince öğütülmüş espresso veya koyu kahve
- 1/4 bardak bitter çikolata parçaları (ek lezzet için isteğe bağlı)

TALİMATLAR:

a) Temel ciabatta hamurunu favori tarifinize göre hazırlayın.

b) İlk kabarmadan sonra hamuru yumruklayın ve ince öğütülmüş espresso veya sert kahveyi eşit şekilde dağıtılıncaya kadar yoğurun.

c) İstenirse, daha fazla lezzet katmak için bitter çikolata parçalarını yoğurun.

ç) Hamuru ciabatta somunu haline getirin ve parşömen kağıdıyla kaplı bir fırın tepsisine yerleştirin.

d) Somunu temiz bir mutfak havlusuyla örtün ve 30-45 dakika daha kabarmaya bırakın.

e) Fırınınızı 200°C'ye (400°F) önceden ısıtın.

f) 20-25 dakika veya somun altın rengi kahverengi olana ve altına dokunulduğunda içi boş bir ses çıkana kadar pişirin.

g) Dilimleyip servis etmeden önce soğumasını bekleyin.

41.Matcha Yeşil Çay Ciabatta

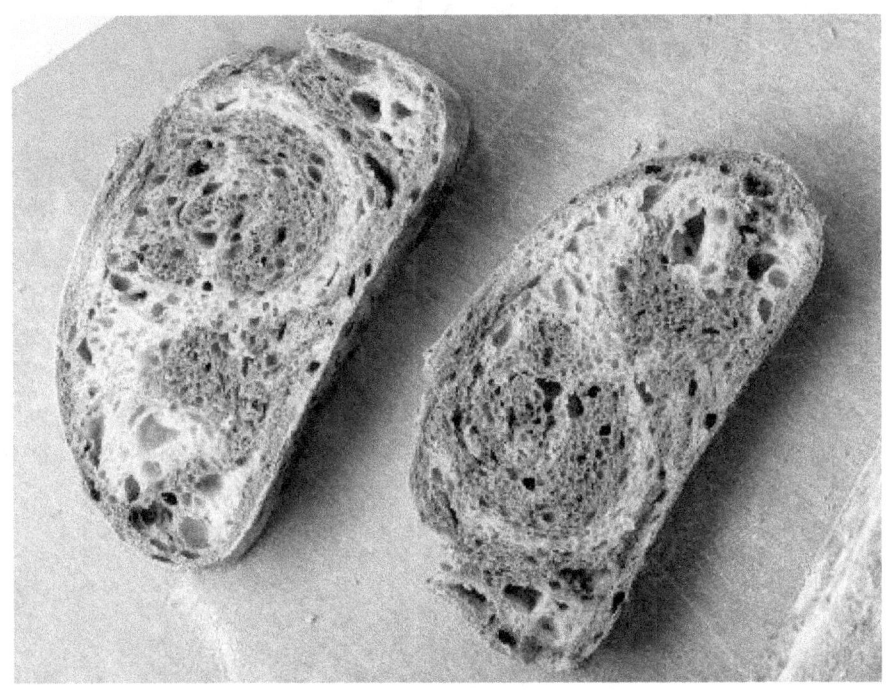

İÇİNDEKİLER:

- 1 parti temel ciabatta hamuru
- 2 yemek kaşığı matcha yeşil çay tozu

TALİMATLAR:

a) Temel ciabatta hamurunu favori tarifinize göre hazırlayın.

b) İlk kabarmadan sonra hamuru yumruklayın ve matcha yeşil çay tozunu eşit şekilde dağıtılıncaya kadar yoğurun.

c) Hamuru ciabatta somunu haline getirin ve parşömen kağıdıyla kaplı bir fırın tepsisine yerleştirin.

ç) Somunu temiz bir mutfak havlusuyla örtün ve 30-45 dakika daha kabarmaya bırakın.

d) Fırınınızı 200°C'ye (400°F) önceden ısıtın.

e) 20-25 dakika veya somun altın rengi kahverengi olana ve altına dokunulduğunda içi boş bir ses çıkana kadar pişirin.

f) Dilimleyip servis yapmadan önce soğumasını bekleyin.

42.Chai Baharatlı Ciabatta

İÇİNDEKİLER:
- 1 parti temel ciabatta hamuru
- 2 çay kaşığı chai baharat karışımı (tarçın, kakule, karanfil, zencefil, hindistan cevizi)

TALİMATLAR:
a) Temel ciabatta hamurunu favori tarifinize göre hazırlayın.
b) İlk kabarmadan sonra hamuru yumruklayın ve chai baharat karışımını eşit şekilde dağılıncaya kadar yoğurun.
c) Hamuru ciabatta somunu haline getirin ve parşömen kağıdıyla kaplı bir fırın tepsisine yerleştirin.
ç) Somunu temiz bir mutfak havlusuyla örtün ve 30-45 dakika daha kabarmaya bırakın.
d) Fırınınızı 200°C'ye (400°F) önceden ısıtın.
e) 20-25 dakika veya somun altın rengi kahverengi olana ve altına dokunulduğunda içi boş bir ses çıkana kadar pişirin.
f) Dilimleyip servis etmeden önce soğumasını bekleyin.

43. Mocha Chip Ciabatta

İÇİNDEKİLER:

- 1 parti temel ciabatta hamuru
- 2 yemek kaşığı hazır kahve tozu
- 1/2 bardak çikolata parçacıkları

TALİMATLAR:

a) Temel ciabatta hamurunu favori tarifinize göre hazırlayın.

b) İlk kabarmadan sonra hamuru yumruklayın ve hazır kahve tozunu eşit şekilde dağılıncaya kadar yoğurun.

c) Çikolata parçacıklarını eşit şekilde dağılıncaya kadar yoğurun.

ç) Hamuru ciabatta somunu haline getirin ve parşömen kağıdıyla kaplı bir fırın tepsisine yerleştirin.

d) Somunu temiz bir mutfak havlusuyla örtün ve 30-45 dakika daha kabarmaya bırakın.

e) Fırınınızı 200°C'ye (400°F) önceden ısıtın.

f) 20-25 dakika veya somun altın rengi kahverengi olana ve altına dokunulduğunda içi boş bir ses çıkana kadar pişirin.

g) Dilimleyip servis etmeden önce soğumasını bekleyin.

SEBZECI CIABATTA

44. Siyah Zeytin Ciabatta

İÇİNDEKİLER:
BAŞLANGIÇ İÇİN (BİGA)
- 1 çay kaşığı. hızlı etkili kurutulmuş maya
- 100 gr güçlü beyaz un

HAMUR İÇİN
- 400 g kuvvetli beyaz ekmek unu, ayrıca toz haline getirilmiş ekstra
- 1 1/4 çay kaşığı. hızlı etkili kurutulmuş maya
- 1 yemek kaşığı. sızma zeytinyağı
- 150 g çekirdekleri çıkarılmış siyah zeytin, doğranmış, biz kalamata kullandık, bkz. GH İpucu

TALİMATLAR:
a) Ciabatta'nızı pişirmeden bir gece önce başlangıç yapın. Mayayı ve 80 ml ılık suyu bağımsız bir mikserin kasesinde karıştırın. Köpürene kadar 5 dakika bekletin. Yumuşak bir hamur elde etmek için unu karıştırın. Temiz bir kurulama bezi veya streç filmle örtün ve en az 4 saat, ideal olarak bir gece boyunca ılık bir yerde dinlenmeye bırakın.

b) Hamuru hazırlamak için kalan unu, ekstra maya, yağ ve 300 ml ılık su ile birlikte kaseye ekleyin. Yumuşak, ıslak bir hamur elde etmek için hamur kancasıyla düşük hızda 5 dakika karıştırın. 1 çay kaşığı ince tuz ve zeytinleri ekleyin, pürüzsüz ve elastik hale gelinceye kadar 5 dakika daha karıştırın.

c) Temiz bir çay havlusu veya streç filmle örtün ve 1 saat veya boyutu iki katına çıkana kadar tekrar kabarmaya bırakın.

ç) Mayalanan hamurunuz hazır olduğunda ellerinizi ıslatın ve hamurun bir tarafını kaseye alıp yukarıya doğru uzatın ve kendi üzerine katlayın. Kaseyi 90 derece çevirin ve 7 kez daha tekrarlayın. Tekrar üzerini örtün ve 45 dakika dinlenmeye ve yükselmeye bırakın, ardından 8 esneme ve katlamayı bir kez daha tekrarlayın, ardından 45 dakika dinlenme ve yükselmeyi takip edin.

d) Büyük bir fırın tepsisini pişirme parşömeniyle kaplayın. Hamurun yapışmasını ve işlenmesinin zorlaşmasını önlemek için parşömen üzerine cömertçe un serpin. Hamuru yavaşça parşömen üzerine dökün. Hamurun üstünü unla tozlayın.

e) Bir hamur kazıyıcı, uzun bir palet bıçağı veya hatta bir fırın tepsisinin kenarını kullanarak hamuru 3 kaba dikdörtgene bölün;

somunları elinizden geldiğince ayırın. Temiz bir kurulama beziyle örtün ve tekrar 30 dakika mayalanmaya bırakın.

f) Fırını önceden 220°C'ye (200°C fan) gaz işareti 7'ye ısıtın. Küçük bir fırın tepsisini suyla doldurun ve buhar oluşturmak için fırının alt rafına koyun.

g) Ciabatta'yı fırın tepsisinde 30 dakika veya altın rengi kahverengi olana ve tabana dokunulduğunda içi boş çıkana kadar pişirin.

ğ) Servis yapmadan önce tel raf üzerinde tamamen soğutun.

45. Vejetaryen ciabatta

İÇİNDEKİLER:

- 1 Sarı kabak 6-8 inç
- 1 Kabak 6-8 inç
- 1 Kırmızı dolmalık biber
- 2 dilim Mor soğan, ¼ inç kalınlığında
- 2 çay kaşığı Zeytinyağı veya zeytinyağı spreyi (en fazla 3)
- 1 Taze ciabatta, 12 inç boyutunda veya tam boyutun yarısı
- 2 yemek kaşığı Yarı yağsız mozzarella
- Fesleğen (taze veya kurutulmuş) isteğe bağlı

TALİMATLAR:

a) Her iki kabağı da uzunlamasına, yaklaşık ¼ inç kalınlığında dilimleyin. Biberleri ikiye bölün, çekirdeklerini çıkarın. Büyük bir kurabiye tepsisine kabak ve soğan dilimlerini, biberleri ise derileri yukarı bakacak şekilde yerleştirin. Biberler hariç hepsini hafifçe zeytinyağıyla fırçalayın veya zeytinyağı spreyi kullanın ve piliçlerin altına yerleştirin.

b) Sebzeleri biberler közlenene kadar bırakın ve kağıt torbaya veya ağır plastik torbaya koyun ve biberleri buharlamak için torbayı kapatın.

c) Sebzelerin geri kalanını ters çevirin, istenirse yeniden püskürtün veya fırçalayın ve sebzeler yumuşayana, ancak tanınmayacak kadar pişene kadar 2 dakika kadar daha kızartın.

ç) Bu arada ciabatta'yı ikiye bölün ve her bir yarıyı uzunlamasına dilimleyin.

d) Alt yarısına bir yemek kaşığı peynir koyun. Üst yarısına bir çay kaşığı mayonez sürün ve istenirse fesleğen serpin. Biberler 5 dakika buharda pişirildiğinde poşetten çıkarın ve kabuğunu çıkarın. Çeyrek yapmak için bir kez daha yarımları kesin.

e) Her sandviçin üzerine peynirin üzerine sebzeleri katlayın.

46. Güneşte Kurutulmuş Domates Tam Buğday Ciabatta

İÇİNDEKİLER:
- 1 1/2 bardak ılık su (110°F veya 45°C)
- 2 1/4 çay kaşığı aktif kuru maya (1 paket)
- 1 çay kaşığı şeker
- 3 1/2 su bardağı tam buğday unu
- 1 1/2 çay kaşığı tuz
- 1 yemek kaşığı zeytinyağı
- 1/2 su bardağı güneşte kurutulmuş domates, ince doğranmış
- 1/4 bardak taze fesleğen yaprağı, doğranmış
- Mısır unu veya irmik unu (tozlamak için)

TALİMATLAR:
a) Küçük bir kapta ılık su, maya ve şekeri birleştirin. Karışım köpük haline gelinceye kadar yaklaşık 5-10 dakika bekletin.
b) Büyük bir karıştırma kabında tam buğday ununu ve tuzu birleştirin. Unlu karışımın ortasını havuz gibi açın.
c) Maya karışımını ve zeytinyağını unun içindeki kuyuya dökün.
ç) Bir hamur oluşana kadar malzemeleri birlikte karıştırın.
d) Hamuru unlu bir yüzeyde pürüzsüz ve elastik hale gelinceye kadar yaklaşık 8-10 dakika yoğurun. Eğer hamur çok cıvık olursa biraz daha un ekleyebilirsiniz.
e) Hamuru hafifçe yağlanmış bir kaseye koyun, üzerini temiz bir bezle veya plastik bir örtüyle örtün ve ılık, hava akımı olmayan bir yerde yaklaşık 1 saat veya boyutu iki katına çıkana kadar mayalanmaya bırakın.
f) Fırınınızı 230°C'ye (450°F) önceden ısıtın. Ön ısıtma sırasında fırına bir fırın taşı veya ters çevrilmiş bir fırın tepsisi yerleştirin. Pizza taşınız varsa ciabatta pişirmek için harikadır.
g) Hamuru ikiye bölüp iki eşit parçaya bölün.
ğ) Her parçayı uzun, ince bir ciabatta şekline getirin. Hamuru şekillendirmek için ellerinizi kullanabilir veya unlu bir yüzeyde yuvarlayabilir ve daha sonra mısır unu veya irmik unu serpilmiş bir fırın tepsisine veya pizza kabuğuna aktarabilirsiniz.
h) İnce doğranmış güneşte kurutulmuş domatesleri ve taze fesleğen yapraklarını her ciabatta'nın üstüne eşit şekilde serpin ve yavaşça hamurun içine bastırın.

ı) Şekil verdiğiniz ciabattaların üzerini temiz bir bezle örtüp tekrar 20-30 dakika kadar mayalanmaya bırakın.
i) Keskin bir bıçak veya jilet kullanarak ciabatta'nın üst kısımlarında çapraz kesikler yapın. Bu onların klasik ciabatta görünümünü genişletmelerine ve geliştirmelerine yardımcı olur.
j) Ciabatta'yı önceden ısıtılmış fırına, doğrudan pişirme taşının üzerine veya sıcak fırın tepsisine dikkatlice aktarın. Fırını açarken dikkatli olun; Bu çok sıcak!
k) Yaklaşık 25-30 dakika veya ciabatta altın kahverengi olana ve altına dokunulduğunda içi boş bir ses çıkana kadar pişirin.
l) Ciabatta'yı dilimleyip servis etmeden önce tel ızgara üzerinde soğumaya bırakın.
m) Ev yapımı Güneşte Kurutulmuş Domates ve Fesleğenli Tam Buğday Ciabatta'nızın, güneşte kurutulmuş domates ve taze fesleğenin enfes lezzetleriyle tadını çıkarın!

47.Zeytin ve Otlu Tam Buğday Ciabatta

İÇİNDEKİLER:

- 1 1/2 bardak ılık su (110°F veya 45°C)
- 2 1/4 çay kaşığı aktif kuru maya (1 paket)
- 1 çay kaşığı şeker
- 3 1/2 su bardağı tam buğday unu
- 1 1/2 çay kaşığı tuz
- 1 yemek kaşığı zeytinyağı
- 1/2 su bardağı çekirdekleri çıkarılmış yeşil veya siyah zeytin, doğranmış
- 2 yemek kaşığı taze otlar (biberiye, kekik veya kekik gibi), doğranmış
- Mısır unu veya irmik unu (tozlamak için)

TALİMATLAR:

a) Küçük bir kapta ılık su, maya ve şekeri birleştirin. Karışım köpük haline gelinceye kadar yaklaşık 5-10 dakika bekletin.
b) Büyük bir karıştırma kabında tam buğday ununu ve tuzu birleştirin. Unlu karışımın ortasını havuz gibi açın.
c) Maya karışımını ve zeytinyağını unun içindeki kuyuya dökün.
ç) Bir hamur oluşana kadar malzemeleri birlikte karıştırın.
d) Hamuru unlu bir yüzeyde pürüzsüz ve elastik hale gelinceye kadar yaklaşık 8-10 dakika yoğurun. Eğer hamur çok cıvık olursa biraz daha un ekleyebilirsiniz.
e) Hamuru hafifçe yağlanmış bir kaseye koyun, üzerini temiz bir bezle veya plastik bir örtüyle örtün ve ılık, hava akımı olmayan bir yerde yaklaşık 1 saat veya boyutu iki katına çıkana kadar mayalanmaya bırakın.
f) Fırınınızı 230°C'ye (450°F) önceden ısıtın. Ön ısıtma sırasında fırına bir fırın taşı veya ters çevrilmiş bir fırın tepsisi yerleştirin. Pizza taşınız varsa ciabatta pişirmek için harikadır.
g) Hamuru ikiye bölüp iki eşit parçaya bölün.
ğ) Her parçayı uzun, ince bir ciabatta şekline getirin. Hamuru şekillendirmek için ellerinizi kullanabilir veya unlu bir yüzeyde yuvarlayabilir ve daha sonra mısır unu veya irmik unu serpilmiş bir fırın tepsisine veya pizza kabuğuna aktarabilirsiniz.

h) Kıyılmış zeytinleri ve taze otları her ciabattanın üzerine eşit şekilde serpin ve yavaşça hamurun içine bastırın.
ı) Şekil verdiğiniz ciabattaların üzerini temiz bir bezle örtüp tekrar 20-30 dakika kadar mayalanmaya bırakın.
i) Keskin bir bıçak veya jilet kullanarak ciabatta'nın üst kısımlarında çapraz kesikler yapın. Bu onların klasik ciabatta görünümünü genişletmelerine ve geliştirmelerine yardımcı olur.
j) Ciabatta'yı önceden ısıtılmış fırına, doğrudan pişirme taşının üzerine veya sıcak fırın tepsisine dikkatlice aktarın. Fırını açarken dikkatli olun; Bu çok sıcak!
k) Yaklaşık 25-30 dakika veya ciabatta altın kahverengi olana ve altına dokunulduğunda içi boş bir ses çıkana kadar pişirin.
l) Ciabatta'yı dilimleyip servis etmeden önce tel ızgara üzerinde soğumaya bırakın.
m) Zeytin ve taze otların harika lezzetleri ile ev yapımı Zeytin ve Otlu Tam Buğday Ciabatta'nızın tadını çıkarın!

48.Jalapeño Tam Buğday Ciabatta

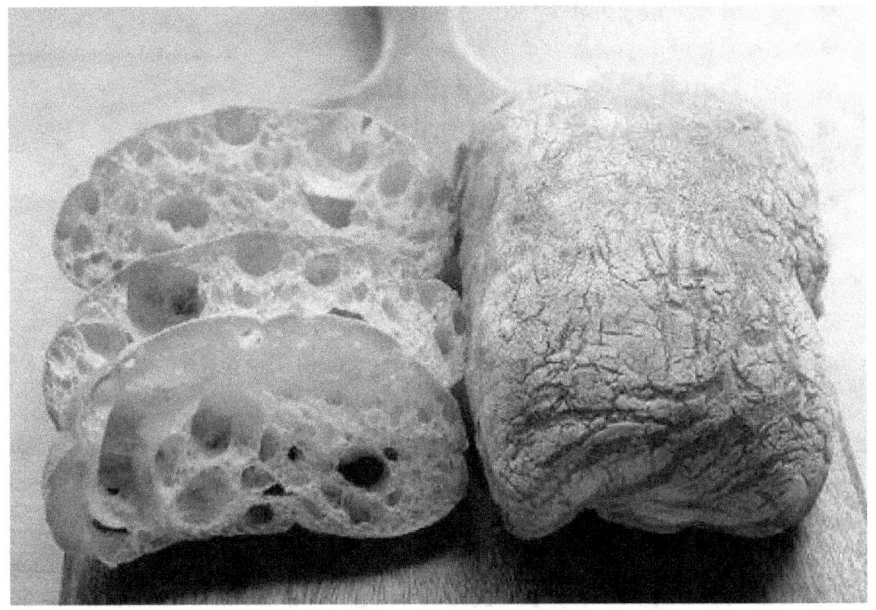

İÇİNDEKİLER:
- 1 1/2 bardak ılık su (110°F veya 45°C)
- 2 1/4 çay kaşığı aktif kuru maya (1 paket)
- 1 çay kaşığı şeker
- 3 1/2 su bardağı tam buğday unu
- 1 1/2 çay kaşığı tuz
- 2 jalapeño biber, çekirdekleri çıkarılmış ve ince doğranmış
- 1 yemek kaşığı zeytinyağı
- Mısır unu veya irmik unu (tozlamak için)

TALİMATLAR:
a) Küçük bir kapta ılık su, maya ve şekeri birleştirin. Karışım köpük haline gelinceye kadar yaklaşık 5-10 dakika bekletin.
b) Büyük bir karıştırma kabında tam buğday ununu ve tuzu birleştirin. Unlu karışımın ortasını havuz gibi açın.
c) Maya karışımını ve zeytinyağını unun içindeki kuyuya dökün.
ç) Bir hamur oluşana kadar malzemeleri birlikte karıştırın.
d) Hamuru unlu bir yüzeyde pürüzsüz ve elastik hale gelinceye kadar yaklaşık 8-10 dakika yoğurun. Eğer hamur çok cıvık olursa biraz daha un ekleyebilirsiniz.
e) Hamuru hafifçe yağlanmış bir kaseye koyun, üzerini temiz bir bezle veya plastik bir örtüyle örtün ve ılık, hava akımı olmayan bir yerde yaklaşık 1 saat veya boyutu iki katına çıkana kadar mayalanmaya bırakın.
f) Fırınınızı 230°C'ye (450°F) önceden ısıtın. Ön ısıtma sırasında fırına bir fırın taşı veya ters çevrilmiş bir fırın tepsisi yerleştirin. Pizza taşınız varsa ciabatta pişirmek için harikadır.
g) Hamuru ikiye bölüp iki eşit parçaya bölün.
ğ) Her parçayı uzun, ince bir ciabatta şekline getirin. Hamuru şekillendirmek için ellerinizi kullanabilir veya unlu bir yüzeyde yuvarlayabilir ve daha sonra mısır unu veya irmik unu serpilmiş bir fırın tepsisine veya pizza kabuğuna aktarabilirsiniz.
h) İnce kıyılmış jalapeño biberlerini her ciabatta'nın üstüne eşit şekilde serpin ve yavaşça hamurun içine bastırın.
ı) Şekil verdiğiniz ciabattaların üzerini temiz bir bezle örtüp tekrar 20-30 dakika kadar mayalanmaya bırakın.

i) Keskin bir bıçak veya jilet kullanarak ciabatta'nın üst kısımlarında çapraz kesikler yapın. Bu onların klasik ciabatta görünümünü genişletmelerine ve geliştirmelerine yardımcı olur.
j) Ciabatta'yı önceden ısıtılmış fırına, doğrudan pişirme taşının üzerine veya sıcak fırın tepsisine dikkatlice aktarın. Fırını açarken dikkatli olun; Bu çok sıcak!
k) Yaklaşık 25-30 dakika veya ciabatta altın kahverengi olana ve altına dokunulduğunda içi boş bir ses çıkana kadar pişirin.
l) Ciabatta'yı dilimleyip servis etmeden önce tel ızgara üzerinde soğumaya bırakın.
m) Baharatlı bir tat ile ev yapımı Jalapeño Tam Buğday Ciabatta'nızın tadını çıkarın!

49. Cheddar ve Frenk Soğanı Tam Buğday Ciabatta

İÇİNDEKİLER:

- 1 1/2 bardak ılık su (110°F veya 45°C)
- 2 1/4 çay kaşığı aktif kuru maya (1 paket)
- 1 çay kaşığı şeker
- 3 1/2 su bardağı tam buğday unu
- 1 1/2 çay kaşığı tuz
- 1 yemek kaşığı zeytinyağı
- 1 su bardağı keskin kaşar peyniri, rendelenmiş
- 1/4 bardak taze frenk soğanı, doğranmış
- Mısır unu veya irmik unu (tozlamak için)

TALİMATLAR:

a) Küçük bir kapta ılık su, maya ve şekeri birleştirin. Karışım köpük haline gelinceye kadar yaklaşık 5-10 dakika bekletin.
b) Büyük bir karıştırma kabında tam buğday ununu ve tuzu birleştirin. Unlu karışımın ortasını havuz gibi açın.
c) Maya karışımını ve zeytinyağını unun içindeki kuyuya dökün.
ç) Bir hamur oluşana kadar malzemeleri birlikte karıştırın.
d) Hamuru unlu bir yüzeyde pürüzsüz ve elastik hale gelinceye kadar yaklaşık 8-10 dakika yoğurun. Eğer hamur çok cıvık olursa biraz daha un ekleyebilirsiniz.
e) Hamuru hafifçe yağlanmış bir kaseye koyun, üzerini temiz bir bezle veya plastik bir örtüyle örtün ve ılık, hava akımı olmayan bir yerde yaklaşık 1 saat veya boyutu iki katına çıkana kadar mayalanmaya bırakın.
f) Fırınınızı 230°C'ye (450°F) önceden ısıtın. Ön ısıtma sırasında fırına bir fırın taşı veya ters çevrilmiş bir fırın tepsisi yerleştirin. Pizza taşınız varsa ciabatta pişirmek için harikadır.
g) Hamuru ikiye bölüp iki eşit parçaya bölün.
ğ) Her parçayı uzun, ince bir ciabatta şekline getirin. Hamuru şekillendirmek için ellerinizi kullanabilir veya unlu bir yüzeyde yuvarlayabilir ve daha sonra mısır unu veya irmik unu serpilmiş bir fırın tepsisine veya pizza kabuğuna aktarabilirsiniz.
h) Her ciabattanın üzerine rendelenmiş kaşar peynirini ve doğranmış frenk soğanını eşit şekilde serpin ve yavaşça hamurun içine bastırın.

ı) Şekil verdiğiniz ciabattaların üzerini temiz bir bezle örtüp tekrar 20-30 dakika kadar mayalanmaya bırakın.

i) Keskin bir bıçak veya jilet kullanarak ciabatta'nın üst kısımlarında çapraz kesikler yapın. Bu onların klasik ciabatta görünümünü genişletmelerine ve geliştirmelerine yardımcı olur.

j) Ciabatta'yı önceden ısıtılmış fırına, doğrudan pişirme taşının üzerine veya sıcak fırın tepsisine dikkatlice aktarın. Fırını açarken dikkatli olun; Bu çok sıcak!

k) Yaklaşık 25-30 dakika veya ciabatta altın kahverengi olana ve altına dokunulduğunda içi boş bir ses çıkana kadar pişirin.

l) Ciabatta'yı dilimleyip servis etmeden önce tel ızgara üzerinde soğumaya bırakın.

m) Çedar peyniri ve taze frenk soğanının lezzetli lezzetiyle ev yapımı Çedar ve Frenk Soğanı Tam Buğday Ciabatta'nızın tadını çıkarın!

50. Pesto ve Mozzarella Tam Buğday Ciabatta

İÇİNDEKİLER:

- 1 1/2 bardak ılık su (110°F veya 45°C)
- 2 1/4 çay kaşığı aktif kuru maya (1 paket)
- 1 çay kaşığı şeker
- 3 1/2 su bardağı tam buğday unu
- 1 1/2 çay kaşığı tuz
- 1/4 bardak pesto sosu
- 1 su bardağı mozzarella peyniri, rendelenmiş
- Mısır unu veya irmik unu (tozlamak için)

TALİMATLAR:

a) Küçük bir kapta ılık su, maya ve şekeri birleştirin. Karışım köpük haline gelinceye kadar yaklaşık 5-10 dakika bekletin.
b) Büyük bir karıştırma kabında tam buğday ununu ve tuzu birleştirin. Unlu karışımın ortasını havuz gibi açın.
c) Maya karışımını unun içindeki çukura dökün.
ç) Bir hamur oluşana kadar malzemeleri birlikte karıştırın.
d) Hamuru unlu bir yüzeyde pürüzsüz ve elastik hale gelinceye kadar yaklaşık 8-10 dakika yoğurun. Eğer hamur çok cıvık olursa biraz daha un ekleyebilirsiniz.
e) Hamuru hafifçe yağlanmış bir kaseye koyun, üzerini temiz bir bezle veya plastik bir örtüyle örtün ve ılık, hava akımı olmayan bir yerde yaklaşık 1 saat veya boyutu iki katına çıkana kadar mayalanmaya bırakın.
f) Fırınınızı 230°C'ye (450°F) önceden ısıtın. Ön ısıtma sırasında fırına bir fırın taşı veya ters çevrilmiş bir fırın tepsisi yerleştirin. Pizza taşınız varsa ciabatta pişirmek için harikadır.
g) Hamuru ikiye bölüp iki eşit parçaya bölün.
ğ) Her parçayı uzun, ince bir ciabatta şekline getirin. Hamuru şekillendirmek için ellerinizi kullanabilir veya unlu bir yüzeyde yuvarlayabilir ve daha sonra mısır unu veya irmik unu serpilmiş bir fırın tepsisine veya pizza kabuğuna aktarabilirsiniz.
h) Pesto sosunu her ciabattanın üstüne eşit şekilde yayın.
ı) Pesto sosunun üzerine rendelenmiş mozarella peynirini serpin.
i) Şekil verdiğiniz ciabattaların üzerini temiz bir bezle örtüp tekrar 20-30 dakika kadar mayalanmaya bırakın.

j) Keskin bir bıçak veya jilet kullanarak ciabatta'nın üst kısımlarında çapraz kesikler yapın. Bu onların klasik ciabatta görünümünü genişletmelerine ve geliştirmelerine yardımcı olur.
k) Ciabatta'yı önceden ısıtılmış fırına, doğrudan pişirme taşının üzerine veya sıcak fırın tepsisine dikkatlice aktarın. Fırını açarken dikkatli olun; Bu çok sıcak!
l) Yaklaşık 25-30 dakika veya ciabatta altın kahverengi olana ve altına dokunulduğunda içi boş bir ses çıkana kadar pişirin.
m) Ciabatta'yı dilimleyip servis etmeden önce tel ızgara üzerinde soğumaya bırakın.
n) Ev yapımı Pesto ve Mozzarella Tam Buğday Ciabatta'nızın, pesto ve yapışkan mozzarella peynirinin harika lezzetleriyle tadını çıkarın!

CIABATTA SANDVİÇLERİ

51. Caprese Ciabatta Sandviç

İÇİNDEKİLER:
- 1 ciabatta somunu, uzunlamasına ikiye bölünmüş
- 2 büyük domates, dilimlenmiş
- 1 top taze mozzarella peyniri, dilimlenmiş
- Taze fesleğen yaprakları
- Balzamik sır
- Zeytin yağı
- Tatmak için biber ve tuz

TALİMATLAR:

a) Ciabatta somununun her yarısının içini zeytinyağıyla fırçalayın.

b) Ciabatta somununun alt yarısına dilimlenmiş domatesleri, mozzarella peynirini ve taze fesleğen yapraklarını yerleştirin.

c) Balzamik sırını dolgunun üzerine gezdirin ve tuz ve karabiberle tatlandırın.

ç) Bir sandviç oluşturmak için ciabatta somununun üst yarısını dolgunun üzerine yerleştirin.

d) Sandviçi tek tek porsiyonlara bölün ve servis yapın.

52. Izgara Tavuk Pesto Ciabatta Sandviç

İÇİNDEKİLER:

- 1 ciabatta somunu, uzunlamasına ikiye bölünmüş
- 2 ızgara tavuk göğsü, dilimlenmiş
- 4 yemek kaşığı pesto sos
- 1 su bardağı bebek ıspanak yaprağı
- 1 domates, dilimlenmiş
- 4 dilim provolon peyniri

TALİMATLAR:

a) Ciabatta somununun alt yarısına pesto sosunu sürün.

b) Izgara tavuk dilimlerini, körpe ıspanak yapraklarını, domates dilimlerini ve provolon peynirini pestonun üzerine katlayın.

c) Bir sandviç oluşturmak için ciabatta somununun üst yarısını dolgunun üzerine yerleştirin.

ç) Sandviçi panini presinde veya ızgara tavasında, peynir eriyene ve ekmek çıtır çıtır olana kadar ızgara yapın.

d) Sandviçi tek tek porsiyonlara bölün ve sıcak olarak servis yapın.

53. İtalyan Ciabatta Sandviçi

İÇİNDEKİLER:
- 1 ciabatta somunu, uzunlamasına ikiye bölünmüş
- 4 dilim jambon
- 4 dilim salam
- 4 dilim mortadella
- 4 dilim provolon peyniri
- 1/2 bardak kavrulmuş kırmızı biber, dilimlenmiş
- 1/4 su bardağı dilimlenmiş siyah zeytin
- 1/4 bardak dilimlenmiş pepperoncini
- Zeytin yağı
- Tatmak için biber ve tuz

TALİMATLAR:
a) Ciabatta somununun her yarısının içini zeytinyağıyla fırçalayın.

b) Ciabatta somununun alt yarısına prosciutto, salam, mortadella, provolon peyniri, közlenmiş kırmızı biber, siyah zeytin ve pepperoncini katlayın.

c) Tuz ve karabiberle tatlandırın.

ç) Bir sandviç oluşturmak için ciabatta somununun üst yarısını dolgunun üzerine yerleştirin.

d) Sandviçi tek tek porsiyonlara bölün ve servis yapın.

54. Akdeniz Sebzeli Ciabatta Sandviç

İÇİNDEKİLER:

- 1 ciabatta somunu, uzunlamasına ikiye bölünmüş
- 1/2 bardak humus
- 1 su bardağı karışık yeşillik
- 1/2 bardak dilimlenmiş salatalık
- 1/2 bardak dilimlenmiş domates
- 1/4 bardak dilimlenmiş kırmızı soğan
- 1/4 su bardağı ufalanmış beyaz peynir
- Garnitür için Kalamata zeytinleri
- Zeytin yağı
- Tatmak için biber ve tuz

TALİMATLAR:

a) Ciabatta somununun alt yarısına humus sürün.

b) Karışık yeşillikleri, dilimlenmiş salatalığı, dilimlenmiş domatesi, dilimlenmiş kırmızı soğanı ve ufalanmış beyaz peyniri humusun üzerine dizin.

c) Doldurma üzerine zeytinyağı gezdirin ve tuz ve karabiberle tatlandırın.

ç) Bir sandviç oluşturmak için ciabatta somununun üst yarısını dolgunun üzerine yerleştirin.

d) Sandviçi tek tek porsiyonlara bölün ve servis yapmadan önce Kalamata zeytinleriyle süsleyin.

55. Hindi Kızılcık Ciabatta Sandviç

İÇİNDEKİLER:
- 1 ciabatta somunu, uzunlamasına ikiye bölünmüş
- Dilimlenmiş hindi göğsü
- Kızılcık sosu
- Bebek ıspanak yaprakları
- Dilimlenmiş brie peyniri
- Dijon hardalı

TALİMATLAR:
a) Ciabatta somununun alt yarısına Dijon hardalı sürün.
b) Dilimlenmiş hindi göğsünü, kızılcık sosunu, körpe ıspanak yapraklarını ve dilimlenmiş brie peynirini hardalın üzerine katlayın.
c) Bir sandviç oluşturmak için ciabatta somununun üst yarısını dolgunun üzerine yerleştirin.
ç) Sandviçi tek tek porsiyonlara bölün ve servis yapın.

56. Patlıcan Parmesanlı Ciabatta Sandviç

İÇİNDEKİLER:
- 1 ciabatta somunu, uzunlamasına ikiye bölünmüş
- Ekmekli ve kızarmış patlıcan dilimleri
- Marinara sosu
- Dilimlenmiş mozarella peyniri
- Taze fesleğen yaprakları

TALİMATLAR:
a) Ciabatta somununun alt yarısına marinara sosunu sürün.
b) Panelenmiş ve kızartılmış patlıcan dilimlerini, dilimlenmiş mozzarella peynirini ve taze fesleğen yapraklarını sosun üzerine yerleştirin.
c) Bir sandviç oluşturmak için ciabatta somununun üst yarısını dolgunun üzerine yerleştirin.
ç) Sandviçi tek tek porsiyonlara bölün ve servis yapın.

57. Rosto Dana ve Yaban Turpu Ciabatta Sandviçi

İÇİNDEKİLER:
- 1 ciabatta somunu, uzunlamasına ikiye bölünmüş
- İnce dilimlenmiş rosto dana eti
- Yabanturpu sosu
- Roka
- Dilimlenmiş kırmızı soğan
- İsviçre peyniri dilimleri

TALİMATLAR:

a) Ciabatta somununun alt yarısına yaban turpu sosunu sürün.

b) Sosun üzerine ince dilimlenmiş rosto, roka, dilimlenmiş kırmızı soğan ve İsviçre peyniri dilimlerini katlayın.

c) Bir sandviç oluşturmak için ciabatta somununun üst yarısını dolgunun üzerine yerleştirin.

ç) Sandviçi tek tek porsiyonlara bölün ve servis yapın.

58. Ton Balıklı Salata Ciabatta Sandviç

İÇİNDEKİLER:

- 1 ciabatta somunu, uzunlamasına ikiye bölünmüş
- Ton balıklı salata (konserve ton balığı, mayonez, doğranmış kereviz, doğranmış kırmızı soğan, tuz ve karabiberle hazırlanır)
- dilimlenmiş domates
- Lahana Yaprakları
- dilimlenmiş avokado

TALİMATLAR:

a) Ton balıklı salatayı ciabatta ekmeğinin alt yarısına yayın.

b) Ton balıklı salatanın üzerine dilimlenmiş domatesi, marul yapraklarını ve dilimlenmiş avokadoyu katlayın.

c) Bir sandviç oluşturmak için ciabatta somununun üst yarısını dolgunun üzerine yerleştirin.

ç) Sandviçi tek tek porsiyonlara bölün ve servis yapın.

59. Mozzarella Pesto Sebzeli Ciabatta Sandviç

İÇİNDEKİLER:
- 1 ciabatta somunu, uzunlamasına ikiye bölünmüş
- Pesto Sos
- Dilimlenmiş taze mozzarella peyniri
- Izgara veya kavrulmuş sebzeler (kabak, dolmalık biber ve patlıcan gibi)
- Taze ıspanak yaprakları

TALİMATLAR:
a) Ciabatta somununun alt yarısına pesto sosunu sürün.
b) Dilimlenmiş taze mozzarella peynirini, ızgara veya kavrulmuş sebzeleri ve taze ıspanak yapraklarını pestonun üzerine yerleştirin.
c) Bir sandviç oluşturmak için ciabatta somununun üst yarısını dolgunun üzerine yerleştirin.
ç) Sandviçi tek tek porsiyonlara bölün ve servis yapın.

60. Füme Somon ve Krem Peynirli Sandviç

İÇİNDEKİLER:
- 1 ciabatta somunu, uzunlamasına ikiye bölünmüş
- Füme somon dilimleri
- Krem peynir
- İnce dilimlenmiş kırmızı soğan
- kapari
- Dereotu

TALİMATLAR:

a) Ciabatta somununun alt yarısına krem peynir sürün.

b) Krem peynirin üzerine füme somon dilimlerini, ince dilimlenmiş kırmızı soğanı, kapari ve taze dereotunu dizin.

c) Bir sandviç oluşturmak için ciabatta somununun üst yarısını dolgunun üzerine yerleştirin.

ç) Sandviçi tek tek porsiyonlara bölün ve servis yapın.

61. Barbekü Çekilmiş Domuz Ciabatta Sandviç

İÇİNDEKİLER:
- 1 ciabatta somunu, uzunlamasına ikiye bölünmüş
- Barbekü doldurulmuş domuz
- Lâhana salatası
- Turşu

TALİMATLAR:
a) Barbeküde çekilen domuz etini ısıtın.

b) Isıtılmış barbekü domuz eti ve lahana salatasını ciabatta somununun alt yarısına katlayın.

c) Lahana salatasının üzerine turşu ekleyin.

ç) Bir sandviç oluşturmak için ciabatta somununun üst yarısını dolgunun üzerine yerleştirin.

d) Sandviçi tek tek porsiyonlara bölün ve servis yapın.

62.Yunan Tavuk Ciabatta Sandviç

İÇİNDEKİLER:
- 1 ciabatta somunu, uzunlamasına ikiye bölünmüş
- Izgara tavuk göğsü, dilimlenmiş
- Cacık Sosu
- Dilimlenmiş salatalık
- dilimlenmiş domates
- Kırmızı soğan dilimleri
- Kalamata zeytin
- Ufalanmış beyaz peynir

TALİMATLAR:
a) Ciabatta somununun alt yarısına tzatziki sosunu sürün.

b) Tzatziki sosun üzerine dilimlenmiş ızgara tavuk göğsü, dilimlenmiş salatalık, dilimlenmiş domates, kırmızı soğan dilimleri, Kalamata zeytinleri ve ufalanmış beyaz peynirleri katlayın.

c) Bir sandviç oluşturmak için ciabatta somununun üst yarısını dolgunun üzerine yerleştirin.

ç) Sandviçi tek tek porsiyonlara bölün ve servis yapın.

63. Biftek ve Karamelize Soğanlı Sandviç

İÇİNDEKİLER:

- 1 ciabatta somunu, uzunlamasına ikiye bölünmüş
- Tercihinize göre pişirilmiş dilimlenmiş biftek (antrikot veya sığır filetosu gibi)
- Karamelize edilmiş soğanlar
- Dilimlenmiş provolon peyniri
- Roka
- Yaban turpu aioli (hazır yaban turpu ile karıştırılmış mayonez)

TALİMATLAR:

a) Ciabatta somununun alt yarısına yaban turpu aiolisini yayın.

b) Aioli'nin üzerine dilimlenmiş bifteği, karamelize soğanı, dilimlenmiş provolon peynirini ve rokayı katlayın.

c) Bir sandviç oluşturmak için ciabatta somununun üst yarısını dolgunun üzerine yerleştirin.

ç) Sandviçi tek tek porsiyonlara bölün ve servis yapın.

64. Avokadolu Tavuk Sezar Ciabatta Sandviç

İÇİNDEKİLER:
- 1 ciabatta somunu, uzunlamasına ikiye bölünmüş
- Izgara tavuk göğsü, dilimlenmiş
- Marul yaprakları
- Sezar Sosu
- dilimlenmiş avokado
- Rendelenmiş Parmesan peyniri

TALİMATLAR:
a) Ciabatta somununun alt yarısına Sezar sosunu sürün.

b) Izgara tavuk göğsü, marul yaprakları, dilimlenmiş avokado ve rendelenmiş Parmesan peynirini sosun üzerine yerleştirin.

c) Bir sandviç oluşturmak için ciabatta somununun üst yarısını dolgunun üzerine yerleştirin.

ç) Sandviçi tek tek porsiyonlara bölün ve servis yapın.

65.Buffalo Tavuklu Ciabatta Sandviç

İÇİNDEKİLER:

- 1 ciabatta somunu, uzunlamasına ikiye bölünmüş
- Kıyılmış bufalo tavuğu (bufalo sosuna atılmış pişmiş tavuk)
- Mavi Peynir Sosu
- Dilimlenmiş kereviz
- Dilimlenmiş kırmızı soğan
- Lahana Yaprakları

TALİMATLAR:

a) Ciabatta somununun alt yarısına mavi peynir sosunu sürün.

b) Kıyılmış manda tavuğunu, dilimlenmiş kerevizi, dilimlenmiş kırmızı soğanı ve marul yapraklarını sosun üzerine yerleştirin.

c) Bir sandviç oluşturmak için ciabatta somununun üst yarısını dolgunun üzerine yerleştirin.

ç) Sandviçi tek tek porsiyonlara bölün ve servis yapın.

66. Muffuletta Ciabatta Sandviç

İÇİNDEKİLER:
- 1 ciabatta somunu, uzunlamasına ikiye bölünmüş
- Dilimlenmiş jambon
- dilimlenmiş salam
- dilimlenmiş mortadella
- Dilimlenmiş provolon peyniri
- Muffuletta zeytin salatası

TALİMATLAR:
a) Ciabatta somununun alt yarısına dilimlenmiş jambon, salam, mortadella ve provolon peynirini katlayın.
b) Peynirin üzerine muffuletta zeytin salatasını yayın.
c) Bir sandviç oluşturmak için ciabatta somununun üst yarısını dolgunun üzerine yerleştirin.
ç) Sandviçi tek tek porsiyonlara bölün ve servis yapın.

67. Sırlı Portobello Mantarlı Sandviç

İÇİNDEKİLER:
- 1 ciabatta somunu, uzunlamasına ikiye bölünmüş
- Portobello mantarları, sapları çıkarılmış
- Balzamik sır
- Zeytin yağı
- Sarımsak karanfilleri, kıyılmış
- Bebek ıspanak yaprakları
- Dilimlenmiş kırmızı biber
- Dilimlenmiş provolon peyniri

TALİMATLAR:
a) Fırını 200°C'ye (400°F) önceden ısıtın.
b) Portobello mantarlarını zeytinyağı ve kıyılmış sarımsakla fırçalayın. Onları yumuşayana kadar 15-20 dakika kızartın.
c) Balzamik sırını mantarların üzerine gezdirin.
ç) Ciabatta somununun alt yarısına kavrulmuş mantarları, körpe ıspanak yapraklarını, dilimlenmiş kırmızı biberleri ve provolon peynirini katlayın.
d) Bir sandviç oluşturmak için ciabatta somununun üst yarısını dolgunun üzerine yerleştirin.
e) Sandviçi tek tek porsiyonlara bölün ve servis yapın.

68. Tofu Banh Mi Ciabatta Sandviç

İÇİNDEKİLER:
- 1 ciabatta somunu, uzunlamasına ikiye bölünmüş
- Fırında veya kızartılmış tofu dilimleri
- Turşu havuç ve daikon turp
- Dilimlenmiş salatalık
- Dilimlenmiş jalapeno
- Taze kişniş yaprakları
- Vegan mayonez
- sriracha sosu

TALİMATLAR:
a) Ciabatta somununun alt yarısına vegan mayonez ve sriracha sosunu sürün.

b) Pişmiş veya kızartılmış tofu dilimlerini, havuç turşusunu ve daikon turpunu, dilimlenmiş salatalık, dilimlenmiş jalapeno ve taze kişniş yapraklarını sosun üzerine katlayın.

c) Bir sandviç oluşturmak için ciabatta somununun üst yarısını dolgunun üzerine yerleştirin.

ç) Sandviçi tek tek porsiyonlara bölün ve servis yapın.

69. İtalyan Sosis ve Biber Ciabatta Sandviç

İÇİNDEKİLER:
- 1 ciabatta somunu, uzunlamasına ikiye bölünmüş
- İtalyan sosis bağlantıları, pişirilmiş ve dilimlenmiş
- Közlenmiş biber ve soğan
- Marinara sosu
- Dilimlenmiş provolon peyniri

TALİMATLAR:
a) Ciabatta somununun alt yarısına marinara sosunu sürün.

b) Pişmiş İtalyan sosis dilimlerini, sotelenmiş dolmalık biberleri ve soğanları ve dilimlenmiş provolon peynirini sosun üzerine yerleştirin.

c) Bir sandviç oluşturmak için ciabatta somununun üst yarısını dolgunun üzerine yerleştirin.

ç) Sandviçi tek tek porsiyonlara bölün ve servis yapın.

70.Ciabatta Biftekli Sandviç

İÇİNDEKİLER:

- 1 (2 pound) Londra kızartması
- 1 yemek kaşığı zeytinyağı
- 1 yemek kaşığı biftek baharatı
- 2 yemek kaşığı pesto
- 1/4 bardak mayonez
- 4 ciabatta rulosu, uzunlamasına 1/2 dilimlenmiş
- 3 erik domates, dilimlenmiş

TALİMATLAR:

a) Izgarayı orta ateşte önceden ısıtın.

b) Londra kızartmasını zeytinyağıyla fırçalayın ve biftek baharatıyla baharatlayın. Izgaraya yerleştirin. Kalınlığa ve tercihe bağlı olarak her tarafı 3 ila 5 dakika ızgaralayın. İşiniz bittiğinde, 5 dakika dinlendirin ve ardından önyargıyı dilimleyin.

c) Küçük bir kapta pesto ve mayonezi birleştirin.

ç) Her ciabatta'nın alt yarısına mayonez karışımını yayın.

d) Üstüne domates dilimleri ve et koyun. Üst yarımlarla örtün ve servis yapın.

71. Ciabatta Prosciutto Sandviç

İÇİNDEKİLER:

- 4 somun ciabatta ekmeği, küçük
- 2 yemek kaşığı zeytinyağı
- ¾ lb prosciutto, bölünmüş
- 1 bardak domates, dilimlenmiş, bölünmüş
- 1 su bardağı roka, yıkanıp kurutulmuş, bölünmüş
- 1 bardak mayonez, bölünmüş

TALİMATLAR:

a) Üst ve alt parçaya sahip olmak için her ciabatta'yı ikiye bölerek başlayın.

b) Her ciabatta parçasının içini zeytinyağıyla hafifçe fırçalayın.

c) Dilimleri bir fırın tepsisine yerleştirin ve fırında 7 dakika pişirin. Bu aynı zamanda ekmeğin yağa bulanmış tarafının bir tavada orta ateşte 2 dakika veya hafif kahverengi olana kadar kızartılmasıyla da yapılabilir.

ç) Ciabatta'nın her bir alt parçasına bir kat roka, domates dilimleri ve ardından prosciutto yerleştirin.

d) İsterseniz üzerine mayonez veya hardal sürün.

e) Sandviçi tamamlamak için ciabatta ekmeğinin diğer yarısını prosciutto'nun üzerine yerleştirin.

f) 4 somunun tamamı tüm malzemelerle dolana kadar işlemi tekrarlayın.

g) Servis yapın ve tadını çıkarın!

DOLGULU CIABATTA

72. Caprese Ciabatta Dolması

İÇİNDEKİLER:
- 1 ciabatta
- 8 ons taze mozzarella, dilimlenmiş
- 1 su bardağı kiraz domates, ikiye bölünmüş
- Taze fesleğen yaprakları
- Balzamik sır

TALİMATLAR:
a) Ciabatta'yı uzunlamasına ikiye bölün.
b) Doldurma için bir alan yaratmak amacıyla ciabatta'nın içini oyuklayın.
c) Ciabatta'nın içine taze mozzarella peyniri, kiraz domates ve fesleğen yapraklarını katlayın.
ç) Balzamik sırla gezdirin.
d) Ciabatta'nın diğer yarısını üstüne yerleştirin ve hafifçe bastırın.
e) Dilimleyip servis yapın.

73. Ispanak ve Enginar Dolması Ciabatta

İÇİNDEKİLER:

- 1 ciabatta
- 1 (10 ons) paket dondurulmuş ıspanak, çözülmüş ve kuru olarak sıkılmış
- 1 (14 ons) kutu enginar kalbi, süzülmüş ve doğranmış
- 1 bardak mayonez
- 1 su bardağı rendelenmiş parmesan peyniri
- 1 su bardağı rendelenmiş mozarella peyniri
- 2 diş sarımsak, kıyılmış

TALİMATLAR:

a) Fırınınızı önceden 350°F (175°C) ısıtın.
b) Ciabatta'yı uzunlamasına ikiye bölün ve içini boşaltın.
c) Bir karıştırma kabında ıspanak, doğranmış enginar kalbi, mayonez, Parmesan peyniri, mozzarella peyniri ve kıyılmış sarımsağı birleştirin.
ç) Karışımı içi oyulmuş ciabattanın içine doldurun.
d) Doldurulmuş ciabatta'yı alüminyum folyoya sarın ve yaklaşık 25-30 dakika veya dolgu sıcak ve kabarcıklı hale gelinceye kadar pişirin.
e) Paketini açın, dilimleyin ve servis yapın.

74. Akdeniz Dolması Ciabatta

İÇİNDEKİLER:
- 1 ciabatta
- Humus
- Közlenmiş kırmızı biber, dilimlenmiş
- Dilimlenmiş zeytin (Kalamata veya siyah)
- Beyaz peynir, ufalanmış
- Taze roka

TALİMATLAR:
a) Ciabatta'yı uzunlamasına ikiye bölün.
b) Her iki tarafa da cömert bir humus tabakası yayın.
c) Ciabatta'nın bir tarafına közlenmiş kırmızı biber, zeytin ve ufalanmış beyaz peynir serpin.
ç) Üstüne taze roka ekleyin.
d) Ciabatta'nın diğer yarısını üstüne yerleştirin ve hafifçe bastırın.
e) Dilimleyip servis yapın.

75.Üç Peynirli Ciabatta Ekmeği

İÇİNDEKİLER:

- 1 ciabatta somunu
- 1 su bardağı rendelenmiş mozarella peyniri
- 1/2 su bardağı rendelenmiş parmesan peyniri
- 1/2 su bardağı ufalanmış beyaz peynir
- 2 diş sarımsak, kıyılmış
- 1/4 bardak doğranmış taze maydanoz
- 1/4 su bardağı zeytinyağı

TALİMATLAR:

a) Fırınınızı önceden 375°F (190°C) ısıtın.
b) Ciabatta somununu uzunlamasına ikiye bölün ve her iki yarımı da fırın tepsisine yerleştirin.
c) Küçük bir kapta kıyılmış sarımsak, kıyılmış maydanoz ve zeytinyağını karıştırın.
ç) Sarımsak ve maydanoz karışımını ciabatta somununun her iki yarısına eşit şekilde fırçalayın.
d) Rendelenmiş mozzarella peyniri, rendelenmiş Parmesan ve ufalanmış beyaz peyniri ekmeğin üzerine eşit şekilde serpin.
e) Önceden ısıtılmış fırında 10-15 dakika veya peynir eriyip kabarcıklanıncaya ve ekmek altın rengi kahverengi olana kadar pişirin.
f) Fırından çıkarıp dilimleyin ve sıcak olarak servis yapın.

76.İtalyan Köftesi Ciabatta

İÇİNDEKİLER:

- 1 ciabatta
- Mini köfte (önceden pişirilmiş)
- Marinara sosu
- Mozzarella peyniri, rendelenmiş

TALİMATLAR:

a) Ciabatta'yı uzunlamasına ikiye bölün.
b) Mini köfteleri ve marinara sosunu bir tencerede ısıtın.
c) Köfteleri ve sos ciabattaya dökün.
ç) Rendelenmiş mozzarella peyniri serpin.
d) Ciabatta'nın diğer yarısını üstüne yerleştirin ve hafifçe bastırın.
e) Dilimleyip servis yapın.

77.Cajun Karides Dolması Ciabatta

İÇİNDEKİLER:
- 1 ciabatta
- 1 kiloluk büyük karides, soyulmuş ve ayrılmış
- 2 yemek kaşığı Cajun baharatı
- 2 yemek kaşığı tereyağı
- 1/2 bardak mayonez
- 2 diş sarımsak, kıyılmış
- 1 yemek kaşığı limon suyu
- Dilimlenmiş marul
- Dilimlenmiş domates

TALİMATLAR:
a) Ciabatta'yı uzunlamasına ikiye bölün.
b) Karidesleri Cajun baharatıyla karıştırın.
c) Bir tavada tereyağını eritin ve karidesleri pişene kadar her tarafı yaklaşık 2-3 dakika soteleyin.
ç) Küçük bir kapta mayonez, kıyılmış sarımsak ve limon suyunu karıştırın.
d) Ciabatta'nın iç kısmına sarımsaklı mayonezi sürün.
e) Pişmiş karidesleri ciabatta'nın alt yarısına yerleştirin.
f) Üzerine dilimlenmiş marul ve domates serpin.
g) Ciabatta'nın diğer yarısını üstüne yerleştirin ve hafifçe bastırın.
ğ) Dilimleyip servis yapın.

78.Ispanaklı ve Enginarlı Peynirli Ciabatta Ekmeği

İÇİNDEKİLER:
- 1 ciabatta somunu
- 1 su bardağı rendelenmiş mozarella peyniri
- 1/2 su bardağı rendelenmiş parmesan peyniri
- 1/2 su bardağı doğranmış pişmiş ıspanak (iyice süzülmüş)
- 1/2 bardak doğranmış marine edilmiş enginar kalbi (iyice süzülmüş)
- 2 diş sarımsak, kıyılmış
- 1/4 bardak mayonez

TALİMATLAR:
a) Fırınınızı önceden 375°F (190°C) ısıtın.
b) Ciabatta somununu uzunlamasına ikiye bölün ve her iki yarımı da fırın tepsisine yerleştirin.
c) Küçük bir kapta kıyılmış sarımsak ve mayonezi karıştırın.
ç) Sarımsaklı mayonezi ciabatta somununun her iki yarısına eşit şekilde dağıtın.
d) Rendelenmiş mozarella ve rendelenmiş Parmesan peynirini ekmeğin üzerine eşit şekilde serpin.
e) Kıyılmış ıspanakları ve doğranmış enginar kalplerini peynirin üzerine eşit şekilde dağıtın.
f) Önceden ısıtılmış fırında 10-15 dakika veya peynir eriyip kabarcıklanıncaya ve ekmek altın rengi kahverengi olana kadar pişirin.
g) Fırından çıkarıp dilimleyin ve sıcak olarak servis yapın.

79.Barbekü Çekilmiş Domuz Dolması Ciabatta

İÇİNDEKİLER:

- 1 ciabatta
- 2 bardak çekilmiş domuz eti
- 1 bardak lahana salatası
- Barbekü Sosu

TALİMATLAR:
a) Ciabatta'yı uzunlamasına ikiye bölün.
b) Çekilmiş domuz etini ısıtın.
c) Ciabatta'yı sıcak çekilmiş domuz etiyle doldurun.
ç) Üstüne lahana salatası ekleyin.
d) Barbekü sosunu gezdirin.
e) Ciabatta'nın diğer yarısını üstüne yerleştirin ve hafifçe bastırın.
f) Dilimleyip servis yapın.

80. Tavuk Sezar Dolması Ciabatta

İÇİNDEKİLER:
- 1 ciabatta
- Izgara tavuk göğsü, dilimlenmiş
- Kıyılmış marul
- Sezar Sosu
- Rendelenmiş parmesan peyniri

TALİMATLAR:
a) Ciabatta'yı uzunlamasına ikiye bölün.
b) Ciabatta'nın her iki tarafına Sezar sosunu sürün.
c) Dilimlenmiş ızgara tavuğu alt yarısına yerleştirin.
ç) Üzerine doğranmış marul ve rendelenmiş Parmesan peyniri ekleyin.
d) Ciabatta'nın diğer yarısını üstüne yerleştirin ve hafifçe bastırın.
e) Dilimleyip servis yapın.

81.Peynirli Sarımsak Otlu Ciabatta Ekmeği

İÇİNDEKİLER:

- 1 ciabatta somunu
- 1/2 su bardağı rendelenmiş mozzarella peyniri
- 1/2 su bardağı rendelenmiş kaşar peyniri
- 1/4 su bardağı rendelenmiş parmesan peyniri
- 3 diş sarımsak, kıyılmış
- 2 yemek kaşığı kıyılmış taze maydanoz
- 1/4 bardak tuzsuz tereyağı, eritilmiş

TALİMATLAR:

a) Fırınınızı önceden 375°F (190°C) ısıtın.
b) Ciabatta somununu uzunlamasına ikiye bölün ve her iki yarımı da fırın tepsisine yerleştirin.
c) Küçük bir kapta kıyılmış sarımsak, kıyılmış maydanoz ve eritilmiş tereyağını karıştırın.
ç) Sarımsak ve maydanoz tereyağını ciabatta somununun her iki yarısına eşit şekilde fırçalayın.
d) Rendelenmiş mozzarella peyniri, rendelenmiş kaşar ve rendelenmiş Parmesan peynirini ekmeğin üzerine eşit şekilde serpin.
e) Önceden ısıtılmış fırında 10-15 dakika veya peynir eriyip kabarcıklanıncaya ve ekmek altın rengi kahverengi olana kadar pişirin.
f) Fırından çıkarıp dilimleyin ve sıcak olarak servis yapın.

82. Taco Ciabatta Dolması

İÇİNDEKİLER:
- 1 ciabatta
- Kıyma veya hindi, pişirilip taco baharatıyla tatlandırılır
- Salsa
- Guacamole
- Ekşi krema
- Kıyılmış marul
- doğranmış domates

TALİMATLAR:
a) Ciabatta'yı uzunlamasına ikiye bölün.
b) Pişmiş ve baharatlanmış kıyma veya hindi ile doldurun.
c) Üzerine salsa, guacamole, ekşi krema, kıyılmış marul ve doğranmış domates ekleyin.
ç) Ciabatta'nın diğer yarısını üstüne yerleştirin ve hafifçe bastırın.
d) Dilimleyip servis yapın.

83.Rosto Dana ve Yaban Turpu Dolması Ciabatta

İÇİNDEKİLER:
- 1 ciabatta
- Dilimlenmiş sığır eti
- Yabanturpu sosu
- İsviçre peyniri, dilimlenmiş
- Kırmızı soğan, ince dilimlenmiş
- Roka

TALİMATLAR:
a) Ciabatta'yı uzunlamasına ikiye bölün.
b) Ciabatta'nın her iki tarafına yaban turpu sosunu sürün.
c) Alt yarıya dilimlenmiş rosto, İsviçre peyniri, kırmızı soğan ve rokayı katlayın.
ç) Ciabatta'nın diğer yarısını üstüne yerleştirin ve hafifçe bastırın.
d) Dilimleyip servis yapın.

84.Bufalo Tavuk Dolması Ciabatta

İÇİNDEKİLER:
- 1 ciabatta
- Pişmiş ve parçalanmış tavuk (manda sosuyla tatlandırılmış)
- Mavi Peynir Sosu
- Dilimlenmiş kereviz
- Dilimlenmiş yeşil soğan

TALİMATLAR:
a) Ciabatta'yı uzunlamasına ikiye bölün.
b) Pişmiş ve doğranmış tavukları buffalo sosuna atın.
c) Ciabatta'nın her iki tarafına da mavi peynir sosunu yayın.
ç) Manda tavuğunu alt yarıya katlayın.
d) Üzerine dilimlenmiş kereviz ve yeşil soğan ekleyin.
e) Ciabatta'nın diğer yarısını üstüne yerleştirin ve hafifçe bastırın.
f) Dilimleyip servis yapın.

85.Pestolu Tavuk Dolması Ciabatta

İÇİNDEKİLER:

- 1 ciabatta
- Izgara tavuk göğsü, dilimlenmiş
- Pesto Sos
- Dilimlenmiş közlenmiş kırmızı biber
- Mozzarella peyniri, rendelenmiş

TALİMATLAR:

a) Ciabatta'yı uzunlamasına ikiye bölün.
b) Ciabatta'nın her iki tarafına pesto sosunu sürün.
c) Dilimlenmiş ızgara tavuğu alt yarısına yerleştirin.
ç) Üzerine dilimlenmiş közlenmiş kırmızı biber ve rendelenmiş mozzarella peyniri serpin.
d) Ciabatta'nın diğer yarısını üstüne yerleştirin ve hafifçe bastırın.
e) Dilimleyip servis yapın.

86.Jalapeño Popper Peynirli Ciabatta Ekmeği

İÇİNDEKİLER:

- 1 ciabatta somunu
- 1 su bardağı rendelenmiş mozarella peyniri
- 1/2 su bardağı rendelenmiş kaşar peyniri
- 1/4 bardak krem peynir, yumuşatılmış
- 2-3 jalapeno, çekirdekleri çıkarılmış ve doğranmış
- 2 diş sarımsak, kıyılmış
- 2 yemek kaşığı doğranmış taze kişniş (isteğe bağlı)

TALİMATLAR:

a) Fırınınızı önceden 375°F (190°C) ısıtın.
b) Ciabatta somununu uzunlamasına ikiye bölün ve her iki yarımı da fırın tepsisine yerleştirin.
c) Küçük bir kapta yumuşatılmış krem peyniri, kıyılmış sarımsağı, doğranmış jalapeños'u ve doğranmış kişnişi karıştırın.
ç) Krem peynir karışımını ciabatta somununun her iki yarısına eşit şekilde dağıtın.
d) Rendelenmiş mozzarella ve rendelenmiş kaşar peynirini ekmeğin üzerine eşit şekilde serpin.
e) Önceden ısıtılmış fırında 10-15 dakika veya peynir eriyip kabarcıklanıncaya ve ekmek altın rengi kahverengi olana kadar pişirin.
f) Fırından çıkarıp dilimleyin ve sıcak olarak servis yapın.

87.Somon Füme ve Krem Peynirli Ciabatta

İÇİNDEKİLER:
- 1 ciabatta
- Füme somon dilimleri
- Krem peynir
- Dilimlenmiş kırmızı soğan
- kapari
- Dereotu

TALİMATLAR:
a) Ciabatta'yı uzunlamasına ikiye bölün.
b) Ciabatta'nın her iki tarafına da krem peynir sürün.
c) Alt yarısına füme somonu katlayın.
ç) Üzerine dilimlenmiş kırmızı soğan, kapari ve taze dereotu ekleyin.
d) Ciabatta'nın diğer yarısını üstüne yerleştirin ve hafifçe bastırın.
e) Dilimleyip servis yapın.

88. BLT Doldurulmuş Ciabatta

İÇİNDEKİLER:

- 1 ciabatta
- Pastırma, pişmiş ve ufalanmış
- Dilimlenmiş domates
- Lahana Yaprakları
- mayonez

TALİMATLAR:

a) Ciabatta'yı uzunlamasına ikiye bölün.
b) Ciabatta'nın her iki tarafına mayonez sürün.
c) Pastırma, dilimlenmiş domates ve marulları alt yarısına yerleştirin.
ç) Ciabatta'nın diğer yarısını üstüne yerleştirin ve hafifçe bastırın.
d) Dilimleyip servis yapın.

89. Yumurta Salatası Dolması Ciabatta

İÇİNDEKİLER:
- 1 ciabatta
- Yumurta salatası (katı yumurta, mayonez, hardal ve baharatlardan yapılır)
- Lahana Yaprakları
- Dilimlenmiş turşu

TALİMATLAR:
a) Ciabatta'yı uzunlamasına ikiye bölün.
b) Alt yarısına bir kat yumurta salatası yayın.
c) Üstüne marul yaprakları ve dilimlenmiş turşu ekleyin.
ç) Ciabatta'nın diğer yarısını üstüne yerleştirin ve hafifçe bastırın.
d) Dilimleyip servis yapın.

90.Sebzeli ve Humus Dolması Ciabatta

İÇİNDEKİLER:
- 1 ciabatta
- Humus
- dilimlenmiş salatalık
- Dilimlenmiş biber
- Dilimlenmiş kırmızı soğan
- Dilimlenmiş siyah zeytin
- Lahana Yaprakları

TALİMATLAR:
a) Ciabatta'yı uzunlamasına ikiye bölün.
b) Ciabatta'nın her iki tarafına bir kat humus yayın.
c) Alt yarısına dilimlenmiş salatalık, dolmalık biber, kırmızı soğan, siyah zeytin ve marul koyun.
ç) Ciabatta'nın diğer yarısını üstüne yerleştirin ve hafifçe bastırın.
d) Dilimleyip servis yapın.

91.Çilek Ciabatta

İÇİNDEKİLER:

- 1 ciabatta
- 1 su bardağı taze çilek, dilimlenmiş
- 8 oz. krem peynir, yumuşatılmış
- 2 yemek kaşığı pudra şekeri
- 1 çay kaşığı vanilya özü
- 1 limon kabuğu rendesi ve
- Süslemek için taze nane yaprakları (isteğe bağlı)

TALİMATLAR:

a) Fırınınızı önceden 350°F (175°C) ısıtın.
b) Ciabatta'yı uzunlamasına ikiye bölün, iki yarım oluşturun.
c) Ciabatta yarımlarını bir fırın tepsisine yerleştirin ve önceden ısıtılmış fırında yaklaşık 5 dakika veya hafifçe çıtır olana kadar kızartın. Daha yumuşak bir ciabatta tercih ediyorsanız bu adımı atlayabilirsiniz.
ç) Bir karıştırma kabında yumuşatılmış krem peyniri, pudra şekerini, vanilya özütünü ve limon kabuğu rendesini birleştirin. Pürüzsüz ve iyice birleşene kadar karıştırın.
d) Ciabatta yarımları kızartıldıktan sonra birkaç dakika soğumalarını bekleyin.
e) Krem peynir karışımını ciabatta'nın kesilmiş kenarlarına eşit şekilde dağıtın.
f) Dilimlenmiş çilekleri krem peynir tabakasının üzerine yerleştirin.
g) İstenirse, bir renk ve lezzet patlaması için taze nane yapraklarıyla süsleyin.
ğ) Bir sandviç oluşturmak için iki ciabatta yarısını bir araya getirin.
h) Keskin bir bıçak kullanarak ciabatta'yı tek tek porsiyonlara dilimleyin.
ı) Çilek Ciabatta'nızı servis edin ve tadını çıkarın!

92. İncir Ciabatta

İÇİNDEKİLER:

- 1 ciabatta
- 8-10 taze incir, dilimlenmiş
- 4 ons keçi peyniri veya krem peynir
- 2-3 yemek kaşığı bal
- Garnitür için taze biberiye yaprakları (isteğe bağlı)

TALİMATLAR:

a) Fırınınızı önceden 350°F (175°C) ısıtın.
b) Ciabatta'yı uzunlamasına ikiye bölün, iki yarım oluşturun.
c) Ciabatta yarımlarını bir fırın tepsisine yerleştirin ve önceden ısıtılmış fırında yaklaşık 5 dakika veya hafifçe çıtır olana kadar kızartın. Daha yumuşak bir ciabatta tercih ediyorsanız bu adımı atlayabilirsiniz.
ç) Ciabatta kızarırken taze incirleri yıkayıp dilimleyin.
d) Ciabatta yarımları kızartıldıktan sonra birkaç dakika soğumalarını bekleyin.
e) Keçi peynirini veya krem peynirini ciabatta'nın kesilmiş kenarlarına eşit şekilde yayın.
f) Dilimlenmiş incirleri peynir tabakasının üzerine yerleştirin.
g) İncirlerin üzerine bal gezdirin. Bal miktarı damak tadınıza göre ayarlanabilir.
ğ) İstenirse hoş kokulu bir dokunuş için taze biberiye yapraklarıyla süsleyin.
h) Bir sandviç oluşturmak için iki ciabatta yarısını bir araya getirin.
ı) Keskin bir bıçak kullanarak ciabatta'yı tek tek porsiyonlara dilimleyin.
i) İncir Ciabatta'nızı servis edin ve tadını çıkarın!

93. Elmalı Ciabatta

İÇİNDEKİLER:

- 1 ciabatta
- 2-3 elma, ince dilimlenmiş (en sevdiğiniz çeşidi kullanın)
- 4 ons Brie peyniri veya krem peynir
- 2 yemek kaşığı bal
- 1/4 su bardağı kıyılmış ceviz (isteğe bağlı)
- Garnitür için taze kekik yaprakları (isteğe bağlı)

TALİMATLAR:

a) Fırınınızı önceden 350°F (175°C) ısıtın.
b) Ciabatta'yı uzunlamasına ikiye bölün, iki yarım oluşturun.
c) Ciabatta yarımlarını bir fırın tepsisine yerleştirin ve önceden ısıtılmış fırında yaklaşık 5 dakika veya hafifçe çıtır olana kadar kızartın. Daha yumuşak bir ciabatta tercih ediyorsanız bu adımı atlayabilirsiniz.
ç) Ciabatta kızarırken elmaları yıkayın, çekirdeklerini çıkarın ve ince dilimleyin.
d) Ciabatta yarımları kızartıldıktan sonra birkaç dakika soğumalarını bekleyin.
e) Brie peynirini veya krem peynirini ciabatta'nın kesilmiş kenarlarına eşit şekilde yayın.
f) Dilimlenmiş elmaları peynir tabakasının üzerine yerleştirin.
g) Elmaların üzerine balı gezdirin. Bal miktarını istediğiniz tatlılık seviyesine ayarlayın.
ğ) İsterseniz, enfes bir çıtırlık için elmaların üzerine kıyılmış ceviz serpebilirsiniz.
h) Taze kekik yapraklarınız varsa, daha fazla lezzet için Apple Ciabatta'nızı birkaç dal kekikle süsleyin.
ı) Bir sandviç oluşturmak için iki ciabatta yarısını bir araya getirin.
i) Keskin bir bıçak kullanarak ciabatta'yı tek tek porsiyonlara dilimleyin.
j) Apple Ciabatta'nızı servis edin ve keyfini çıkarın!

94.Şeftali ve Fesleğen Ciabatta

İÇİNDEKİLER:

- 1 ciabatta
- 2-3 olgun şeftali, ince dilimlenmiş
- 4 ons taze mozzarella peyniri, dilimlenmiş
- Taze fesleğen yaprakları
- 2 yemek kaşığı sızma zeytinyağı
- 1 yemek kaşığı balzamik sirke
- Tatmak için tuz ve karabiber

TALİMATLAR:

a) Fırınınızı önceden 350°F (175°C) ısıtın.
b) Ciabatta'yı uzunlamasına ikiye bölün, iki yarım oluşturun.
c) Ciabatta yarımlarını bir fırın tepsisine yerleştirin ve önceden ısıtılmış fırında yaklaşık 5 dakika veya hafifçe çıtır olana kadar kızartın. Daha yumuşak bir ciabatta tercih ediyorsanız bu adımı atlayabilirsiniz.
ç) Ciabatta kızarırken olgun şeftalileri yıkayıp ince ince dilimleyin.
d) Ciabatta yarımları kızartıldıktan sonra birkaç dakika soğumalarını bekleyin.
e) Taze mozzarella dilimlerini ciabatta'nın bir yarısına yerleştirin.
f) Dilimlenmiş şeftalileri mozzarella peynirinin üzerine yerleştirin.
g) Taze fesleğen yapraklarını yırtıp şeftalilerin üzerine serpin.
ğ) Şeftali ve fesleğen tabakasının üzerine sızma zeytinyağı ve balzamik sirkeyi gezdirin.
h) Bir tutam tuz ve taze çekilmiş karabiber ile tatlandırın.
ı) Sandviç oluşturmak için ciabattanın diğer yarısını üstüne koyun.
i) Keskin bir bıçak kullanarak ciabatta'yı tek tek porsiyonlara dilimleyin.
j) Şeftali ve Fesleğen Ciabatta'nızı servis edin ve tadını çıkarın!

95.Ahududu ve Keçi Peyniri Ciabatta

İÇİNDEKİLER:
- 1 ciabatta
- 4 ons keçi peyniri
- 1 su bardağı taze ahududu
- 2 yemek kaşığı bal
- Taze nane yaprakları (isteğe bağlı, garnitür için)

TALİMATLAR:
a) Fırınınızı önceden 350°F (175°C) ısıtın.
b) Ciabatta'yı uzunlamasına ikiye bölün, iki yarım oluşturun.
c) Ciabatta yarımlarını bir fırın tepsisine yerleştirin ve önceden ısıtılmış fırında yaklaşık 5 dakika veya hafifçe çıtır olana kadar kızartın. Daha yumuşak bir ciabatta tercih ediyorsanız bu adımı atlayabilirsiniz.
ç) Ciabatta kızarırken taze ahududuları yıkayın.
d) Ciabatta yarımları kızartıldıktan sonra birkaç dakika soğumalarını bekleyin.
e) Keçi peynirini ciabatta'nın kesilmiş kenarlarına eşit şekilde yayın.
f) Taze ahududuları keçi peyniri tabakasının üzerine dağıtın.
g) Ahududuların üzerine balı gezdirin. Bal miktarını istediğiniz tatlılık seviyesine göre ayarlayabilirsiniz.
ğ) İstenirse, renk ve lezzet katmak için taze nane yapraklarıyla süsleyin.
h) Bir sandviç oluşturmak için iki ciabatta yarısını bir araya getirin.
ı) Keskin bir bıçak kullanarak ciabatta'yı tek tek porsiyonlara dilimleyin.
i) Ahududu ve Keçi Peynirli Ciabatta'nızı servis edin ve tadını çıkarın!

96.Üzüm ve Gorgonzola Ciabatta

İÇİNDEKİLER:

- 1 ciabatta
- 4 ons Gorgonzola peyniri
- 1 su bardağı çekirdeksiz kırmızı veya siyah üzüm, ikiye bölünmüş
- 2 yemek kaşığı bal
- Taze kekik yaprakları (isteğe bağlı, garnitür için)

TALİMATLAR:

a) Fırınınızı önceden 350°F (175°C) ısıtın.
b) Ciabatta'yı uzunlamasına ikiye bölün, iki yarım oluşturun.
c) Ciabatta yarımlarını bir fırın tepsisine yerleştirin ve önceden ısıtılmış fırında yaklaşık 5 dakika veya hafifçe çıtır olana kadar kızartın. Daha yumuşak bir ciabatta tercih ediyorsanız bu adımı atlayabilirsiniz.
ç) Ciabatta kızarırken çekirdeksiz üzümleri yıkayıp ikiye bölün.
d) Ciabatta yarımları kızartıldıktan sonra birkaç dakika soğumalarını bekleyin.
e) Gorgonzola peynirini ciabatta'nın kesilmiş kenarlarına eşit şekilde yayın.
f) Yarıya bölünmüş üzümleri Gorgonzola tabakasının üzerine yerleştirin.
g) Üzümlerin ve peynirin üzerine balı gezdirin. Bal miktarını istediğiniz tatlılık seviyesine göre ayarlayabilirsiniz.
ğ) İstenirse hoş kokulu bir dokunuş için taze kekik yapraklarıyla süsleyin.
h) Bir sandviç oluşturmak için iki ciabatta yarısını bir araya getirin.
ı) Keskin bir bıçak kullanarak ciabatta'yı tek tek porsiyonlara dilimleyin.
i) Üzüm ve Gorgonzola Ciabatta'nızı servis edin ve tadını çıkarın!

97.Armut ve Ceviz Ciabatta

İÇİNDEKİLER:

- 1 ciabatta
- 2 adet olgun armut, ince dilimlenmiş
- 1/2 su bardağı kıyılmış ceviz
- 4 ons mavi peynir veya keçi peyniri
- 2 yemek kaşığı bal
- Taze kekik yaprakları (isteğe bağlı, garnitür için)

TALİMATLAR:

a) Fırınınızı önceden 350°F (175°C) ısıtın.
b) Ciabatta'yı uzunlamasına ikiye bölün, iki yarım oluşturun.
c) Ciabatta yarımlarını bir fırın tepsisine yerleştirin ve önceden ısıtılmış fırında yaklaşık 5 dakika veya hafifçe çıtır olana kadar kızartın. Daha yumuşak bir ciabatta tercih ediyorsanız bu adımı atlayabilirsiniz.
ç) Ciabatta kızarırken olgun armutları soyun, çekirdeklerini çıkarın ve ince dilimleyin.
d) Ciabatta yarımları kızartıldıktan sonra birkaç dakika soğumalarını bekleyin.
e) Mavi peyniri veya keçi peynirini ciabatta'nın kesilmiş kenarlarına eşit şekilde yayın.
f) Dilimlenmiş armutları peynir tabakasının üzerine yerleştirin.
g) Armutların üzerine dövülmüş cevizi serpin.
ğ) Armut ve cevizlerin üzerine balı gezdirin. Bal miktarını istediğiniz tatlılık seviyesine göre ayarlayabilirsiniz.
h) İstenirse daha fazla lezzet katmak için taze kekik yapraklarıyla süsleyin.
ı) Bir sandviç oluşturmak için iki ciabatta yarısını bir araya getirin.
i) Keskin bir bıçak kullanarak ciabatta'yı tek tek porsiyonlara dilimleyin.
j) Armut ve Ceviz Ciabatta'nızı servis edin ve tadını çıkarın!

98. Mango Ciabatta

İÇİNDEKİLER:

- 1 ciabatta
- 2 olgun mango, soyulmuş, çekirdeği çıkarılmış ve ince dilimlenmiş
- 4 ons krem peynir veya keçi peyniri
- 2 yemek kaşığı bal
- Taze nane yaprakları (isteğe bağlı, garnitür için)
- 160 gram (5 ons) kıyılmış pişmiş tavuk (isteğe bağlı)

TALİMATLAR:

a) Fırınınızı önceden 350°F (175°C) ısıtın.
b) Ciabatta'yı uzunlamasına ikiye bölün, iki yarım oluşturun.
c) Ciabatta yarımlarını bir fırın tepsisine yerleştirin ve önceden ısıtılmış fırında yaklaşık 5 dakika veya hafifçe çıtır olana kadar kızartın. Daha yumuşak bir ciabatta tercih ediyorsanız bu adımı atlayabilirsiniz.
ç) Ciabatta kızarırken olgun mangoları soyun, çekirdeklerini çıkarın ve ince dilimleyin.
d) Ciabatta yarımları kızartıldıktan sonra birkaç dakika soğumalarını bekleyin.
e) Krem peyniri veya keçi peynirini ciabatta'nın kesilmiş kenarlarına eşit şekilde yayın.
f) Dilimlenmiş mangoları ve tavuğu peynir tabakasının üzerine yerleştirin.
g) Mango dilimlerinin üzerine balı gezdirin. Bal miktarını istediğiniz tatlılık seviyesine göre ayarlayabilirsiniz.
ğ) İstenirse, renk ve lezzet katmak için taze nane yapraklarıyla süsleyin.
h) Bir sandviç oluşturmak için iki ciabatta yarısını bir araya getirin.
ı) Keskin bir bıçak kullanarak ciabatta'yı tek tek porsiyonlara dilimleyin.
i) Mango Ciabatta'nızı servis edin ve tadını çıkarın!

99.Böğürtlen ve Ricotta Ciabatta

İÇİNDEKİLER:

- 1 ciabatta
- 1 su bardağı taze böğürtlen
- 8 ons ricotta peyniri
- 2 yemek kaşığı bal
- Garnitür için taze fesleğen yaprakları (isteğe bağlı)

TALİMATLAR:

a) Fırınınızı önceden 350°F (175°C) ısıtın.
b) Ciabatta'yı uzunlamasına ikiye bölün, iki yarım oluşturun.
c) Ciabatta yarımlarını bir fırın tepsisine yerleştirin ve önceden ısıtılmış fırında yaklaşık 5 dakika veya hafifçe çıtır olana kadar kızartın. Daha yumuşak bir ciabatta tercih ediyorsanız bu adımı atlayabilirsiniz.
ç) Ciabatta kızarırken taze böğürtlenleri nazikçe yıkayıp kurulayın.
d) Ciabatta yarımları kızartıldıktan sonra birkaç dakika soğumalarını bekleyin.
e) Ricotta peynirini ciabatta'nın kesilmiş kenarlarına eşit şekilde yayın.
f) Taze böğürtlenleri ricotta tabakasının üzerine yerleştirin.
g) Böğürtlenlerin üzerine balı gezdirin. Bal miktarını istediğiniz tatlılık seviyesine göre ayarlayabilirsiniz.
ğ) İstenirse, renk ve lezzet katmak için taze fesleğen yapraklarıyla süsleyin.
h) Bir sandviç oluşturmak için iki ciabatta yarısını bir araya getirin.
ı) Keskin bir bıçak kullanarak ciabatta'yı tek tek porsiyonlara dilimleyin.
i) Blackberry ve Ricotta Ciabatta'nızı servis edin ve tadını çıkarın!

100.Jambon, peynir ve bitki ciabatta

İÇİNDEKİLER:

- 1½ yemek kaşığı Aktif kuru maya
- 1½ su bardağı ılık su
- 1 yemek kaşığı Bal
- 4 su bardağı (yaklaşık) ağartılmamış beyaz un
- ½ çay kaşığı Tuz
- 4 yemek kaşığı Zeytinyağı
- 1½ bardak kuşbaşı jambon veya domuz eti
- ½ su bardağı Taze rendelenmiş Parmesan peyniri
- 2 çay kaşığı kıyılmış taze biberiye
- 2 çay kaşığı kıyılmış taze kekik
- 2 çay kaşığı kıyılmış taze adaçayı

TALİMATLAR:

a) Mayayı geniş bir karıştırma kabına koyun. Ilık su ve balı karıştırın ve ılık bir yerde yaklaşık 10 dakika veya maya eriyip köpürmeye başlayana kadar bekletin.

b) Unu ve tuzu yavaş yavaş maya karışımına eleyin, hamur kasenin kenarlarından ayrılmaya başlayıncaya kadar sürekli karıştırın.

c) Çalışma yüzeyine biraz un serpin ve hamuru birkaç dakika yavaşça yoğurun. Hamuru ikiye bölün ve yarısını yaklaşık 14 inç x 10 inç boyutunda bir dikdörtgen (dikdörtgen pizza gibi) şeklinde açın. Hamuru 1½ yemek kaşığı zeytinyağıyla fırçalayın.

ç) Jambonun yarısını yüzeye dağıtın ve yavaşça hamurun içine bastırın. Üzerine peynirin yarısını serpin ve otların yarısını ve bolca öğütülmüş taze karabiberi hamurun üzerine serpin. Ellerinizi kullanarak hamuru uzunlamasına, uzun bir puro şeklinde yavaşça yuvarlayın.

d) Hamurun kenarlarını hafifçe kapatın. İyi yağlanmış bir Fransız ekmeği tavasına yerleştirin ve üzerini temiz bir kurulama havlusu ile örtün.

e) Fırını 450 derece F'ye önceden ısıtın.

f) İkinci ekmeği yapın. İki somun ekmeği kuru, sıcak bir yere koyun ve üstü kapalı olarak 15 dakika bekletin.

g) Pişirmeden hemen önce somunları kalan 1 yemek kaşığı zeytinyağıyla hafifçe fırçalayın. Sıcak fırının orta rafına yerleştirin ve 20 ila 25 dakika veya ekmeğin altın rengi kahverengi bir kabuğa sahip olana ve altına dokunulduğunda içi boş ses çıkana kadar pişirin.

ÇÖZÜM

Ciabatta ekmeği dünyasındaki yolculuğumuzu sonlandırırken, umarım kolları sıvamak, önlüğünüzün tozunu almak ve kendi ekmek yapma maceranıza başlamak için ilham alırsınız. "EN İYİ CIABATTA YARATIM KILAVUZU", zanaatkar pişirme tutkusu ve kendi mutfağınızda ekmek yapma ustalığına ulaşmanıza yardımcı olma kararlılığıyla hazırlanmıştır.

Ciabatta ekmeği yapma sanatını keşfetmeye devam ederken, bu ekmeğin gerçek güzelliğinin sadece çiğnenebilir dokusunda ve çıtır dış yapısında değil, aynı zamanda onu sevdiklerinizle paylaşmanın verdiği keyifte de yattığını unutmayın. İster ailenizle ve arkadaşlarınızla ekmeğinizi paylaşıyor olun, ister bir fincan kahve eşliğinde sakin bir anın tadını çıkarıyor olun, ister leziz bir sandviçin keyfini çıkarın, ciabatta ekmeğinin her bir lokması sizi ev yapımı lezzetlerin basit zevklerine daha da yaklaştırsın.

Bu mutfak yolculuğumda bana katıldığınız için teşekkür ederim. Ciabatta kreasyonlarınızın her zaman çiğnenebilir, çıtır ve son derece lezzetli olmasını dilerim ve mutfağınız sıcaklığın, yaratıcılığın ve mutfak keşiflerinin yeri olmaya devam etsin. Tekrar buluşana kadar, mutlu pişirme ve afiyet olsun!

www.ingramcontent.com/pod-product-compliance
Lightning Source LLC
Chambersburg PA
CBHW070700120526
44590CB00013BA/1042